Love Sales Science

恋爱销售学

跟客户谈恋爱
一样的销售学

李跃

著

台海出版社

让顾客如沐春风的
销售方法

李
鲆

　　李跃的营销，是跟肖森舟学习的。肖森舟曾与我合著《微信营销 108 招》《微商造势 108 招》，他的自我营销非常成功。

　　当初李跃找到我，和我说了她的想法。她说自己想出版一本关于销售的书，并且提出了"恋爱销售学"的概念。她认为最顶层销售就是销售自己，每个销售员应该像谈恋爱一样去销售。

　　听完后，我心想：李跃真不愧是肖森舟的学生！

　　有个俗语叫艺高人胆大，用来形容李跃，一点儿都不为过。

　　李跃在 2010 年开始正式创业，她白手起家，拥有"实体 + 互联网微电商"丰富的实战经验，擅长落地营销、团队建设和零售终端，凭借敏锐的市场观察力和大胆的创业精神，影响了身边的很多人，实现了自己的梦想。

李跃成为早期电商创业先锋和某品牌的最高执行董事。她认为，在有电商之前，销售在实体店；电商出现后，销售转移到线上，并且是线上线下结合；微商出现后，人人都开始在微信上卖货，都成了销售员。

销售在任何岗位上都非常重要，它直接影响了企业的业绩。不管是什么产品的销售，方法万变不离其宗。

一是流量，二是人。

是的，销售要有人才能成交。那么，这些人从哪里来呢？在这本书里，李跃把自己这些年做得成功的经验都分享给了大家。

李跃认为，与顾客打交道，就是要揣摩顾客的心理。比如，顾客的痛点在哪里？要怎样才能找到顾客痛点，然后成交？成交后如何二次成交？如何连带销售？如何让顾客心甘情愿地成为你的合作伙伴，帮你介绍生意？

《恋爱销售学》这本书，就是教你如何与顾客打交道，要把你的顾客当成恋人一般，让顾客在购买过程中如沐春风。无论你是做线上销售还是线下销售，无论你是卖货、卖课程还是卖创业机会，都适用。

如果你还在销售方面感到迷茫，看完这本书后，问题都会迎刃而解。

按照她的方法去做，相信你很快也会成为一名销售实战高手。

李鲆（276527980）

资深出版人，著有《畅销书浅规则》《畅销书营销浅规则》

《微商文案手册》等，策划出版多部畅销书

有梦想的人才能
无限挑战自己人生的高度

肖森舟

　　我和李跃结缘认识也是因为之前她买了我的书。她是一个非常好学努力的女孩。第一次见面就感觉她非常含蓄内敛。

　　我赠她的书言：自恋比自卑更重要。

　　一路走来，我看到了她的成长。她说要出书，我也特别支持她的梦想，因为有梦想的人才能无限挑战自己人生的高度。

　　现在是移动互联网时代，很多人都在网上做起了生意，因为起点很低，所以人人都可以创业。

　　但是很多人却未真正接触过销售行业，没有亲自到线下体验过，导致很多人销售实战弱，谈单容易跑单，做销售没有自信等。

　　李跃的这本书，只要是销售行业都可以派上用场，相信这本书，一定会成为你们的好帮手，帮助大家更多地成长。

推荐序二

实践
出真知

李子岩

与李跃初次见面是在一个行业峰会，后来在微信上也有一些交流，基本都是针对微商行业的发展方向交换意见。我近期听到她新书将出版，遂将样稿求来静心品阅。

书中内容皆源于她本人微商实战经验，对于新老微商抑或是传统领域销售精英均有参考价值。

互联网时代不曾谋面而产生交易已成常态，如何从引流到建立信任感最终转化成交，这是一门非常深奥的学问，相信此书能给读者带来一些新的感悟。

在此我代表中国社群经济促进中心强烈推荐此书给广大读者，同时将此书收录进"中心"商学院参考书之一。

中国电子商务协会 社群经济促进中心 执行主任

自
序

所有的销售
都是相通的

李

跃

实体销售，到电商，再到微商，我觉得不管是什么商，凡商就必须与销售打交道，所以销售是相通的。

而我写的这本书的本意也是如此。

我不想只局限于某一个行业，而是可以广泛用到各个销售领域，去帮到更多的人打开销售开关。无论是实体生意，还是互联网生意，或者是帮助别人做销售。所有生意都是跟人打交道，所以必须悟透人性。

销售学就是一场心理学的过程。

我们做销售是做需求与满足需求，关键是你要通过自己的察言观色去发现这种需求。发现后你就筹划方案，把对方的需求放大。没有需求就去创造一个需求框，再给予客户解决方案，引导成交。

在决定写这本书的时候，我才发现自己原来是这么热爱销售，因为在这里我可以找到自己成长的价值。可以帮助别人成交，等于成交自己、战胜自己。

谁不希望自己是赢家？如果可以帮到很多人成为赢家，那我又何乐而不为呢？

一个人的福报，就是你的能量能够真正影响多少人，我一直在为正能量前进。

现在的销售不再是等待客人上门，一味地等待就只能被淘汰。并且已不是纯粹靠卖产品就可以卖出去货，而是一定要掌握一套属于自己的销售话术，也就是需要靠自己的嘴皮子吃饭。只有掌握了销售绝招，以及可以灵活运用的销售话术，销售做起来才能如鱼得水。

人与人之间的销售关系都是围绕人性的弱点，趋利避害，趋乐避损，趋褒避贬。因为人都是短视的。短期的高回报，短期的高刺激，短期内收获最好。

所以我们要迎合人的需求。

目　录

第
十
二
章

Chapter

⑫

第
十
三
章

Chapter

⑬

和客户建立信任

销售就像是谈恋爱，都要先有第一好感，再开始追求，追求被拒未遂，继续追求。

在这个过程中，你需要不断地探讨对方的心理想法，以建立最美好的印象，从而让对方心动。

在销售里面也是如此，信赖感是成功销售的关键，不管对方是熟人还是陌生人。交朋友也是如此，从好感，到喜欢，到信任，到成交。

建立信任，从最初的陌生人的弱关系，再到熟悉信任的强关系。这些都是有技巧的。多互动，而不是一味地等别人主动。多聊天，如果不去聊天、不去多沟通，信任就无法建立。与客户保持关系，是拉近距离的途径。

如果没有跟客户建立信赖感，就好比你在大街上随便去跟一个女孩子搭讪，人家会以为你有病。但是如果这个女孩子是自己认识的人或者是朋友，还会不会有这种感觉？显然没有。因为相互认识，就有信任关系。

人都有抗拒心理，生怕被骗，所以会对自己特别保守，生怕受到伤害。

谈客户如同谈恋爱，客户谈成了，就意味着意中人被你追到了。人们都向往追到后的幸福和快乐，但是也都惧怕追的过程。

意中人的心思很难猜，特别是优秀的意中人的心思更难猜。客户的心理也难猜，今天对你冷若冰霜，明天可能就会对你喜笑颜开，后天又可能是阴云密布。

所以要和你的客户建立信任。

表情破冰，拉近距离

线上怎么建立信任？

在线上沟通，我们见不到面。为了不让客户感觉到你冷冰冰的，在聊天的时候可以配合一些表情和语气词或者幽默对话，让客户感受到你的热情。

比如发一些微笑、鲜花，这些看起来让人舒服的表情，会让对方感到很亲近。

让别人感受到你的热情，用我们的热情去传达给客户。

比如我们在实体店，见到两个服务员，一个一脸严肃，另一个充满笑容，哪个可以更加融化你的心？显而易见是后者。所以我们要破冰融化客户，拉近与客户的距离。

在线下见面，如果面无表情，别人也会觉得你很不好相处。所以我们都会要求自己面带微笑，因为顾客就是上帝。上帝给你送钱，自然要开心了。如果送钱都不开心，那工作起来就没有意义。

做销售就是锻炼我们的心态，心态好的往往坚持得更久。

有些销售看到很久没有出单，就会埋怨自己，抱怨产品不好、价格高，然后就没有好的状态。所以想要状态好，就要先调整好自己的心态。做销售就是一个坚持的过程。

你的微笑价值百万。微笑可以拉近人与人之间的距离，还能让客户心情变好，进入一个轻松的环境。微笑是发自内心的，如果强装微笑自己也很累，我们要把客户当作朋友一样去关心。

微笑只是一部分，之后的一系列服务都是销售流程中必备的。可以多锻炼自己，面对镜子自己对自己微笑。

我曾经上班的地方，有一个年近五旬的行李员。每天不管是面对客户还是同事，他都笑脸相迎。因此他得到了客户的高度评价，也受到了领导的表彰赞许。

这么多年过去了，我依然记得他微笑的画面。我们每天都会接触形形色色的人，难免会淡忘，但是不一样的面孔，留下的回忆却是永恒的。

一个温暖的微笑会融化多少人，不管是销售行业还是其他行业，微笑都是很好的交际表情。

Two

自信谈单容易成功

要对自己有信心，要对自己的产品有信心。

如果你一直都认为产品不好，客户一定不会买我的东西，那么别人是真的不会买。如果你心里认为会成交，你就一定会想办法去谈下客户，就有可能成交。

这就是吸引力法则里的一种，想要才会去争取，越消极就越得不到。自信和心态是至关重要的。

有一个哲理故事：

尼克是一家肉类加工厂的职员，有一天下班了他还在清理一个待修的大冰柜。不知道什么原因，冰柜的门自动关上了，尼克被关在了里面。冰柜的门从里面是无法打开的，尼克在里面拼命地敲打喊叫也是徒劳，因为其他员工都已经下班回家了，没有人来帮助他。

尼克想尽了各种办法也无济于事，他沮丧地坐在冰柜的角落里。他越想越害怕：冰柜里零下十几度，要是等第二天同事们上班的时候来开门，自己会硬得像冰柜里的冻猪肉一样……

第二天，别的职员上班后打开冰柜的门时，发现尼克蜷缩在冰柜的角落里，已经死了。大家很惊讶，因为冰柜坏了，根本就没有制冷，里面有十几度，也不缺氧，可是尼克却被"冻"死了！

其实，尼克并非死于冰柜里的温度。

他是死于自己心中那份消极的心态，坚信自己一定会被冻死，没有了求生的欲望，最后就只有等死。如果他能够积极乐观自信一点儿，结果肯定不一样。

我们在谈单过程中，记得要有足够的自信，切记不要用模棱两可的词。

比如客户问有效果吗？你的回复是有的有效果，有的没多大效果，或者一般般吧，你的客户会怎么想？你都没有信心，叫我怎么相信你？虽然看你的宣传是有效果，但是客户想要听到的是你的再次确定。

既然你卖这个产品，首先自己肯定要有足够的自信，有自信就为自己的成交奠定了坚实的基础。

我自信产品可以帮你，我自信你会购买我的东西。自信的力量非常大，会无形中帮助我们去成交。

所以我们要尽量用当然了、没问题、可以的、放心吧，这样的词都会增加成交的概率，因为客户要的是一份权威，一份放心、舒心、称心。反之，如果你没有自信，自己谈起单来都没有底气，自己都不认可这个产品，是很难推销出去的。不会欣赏自己的人就不会更好地去欣赏别人，这句话也是告诉我们，一定要自信，看到自己的潜质。每个人的潜力都是无限的，每个人都有可能成为销售高手。

自信是怎么来的？

❶ 自信源于自己对专业知识的掌握，知己知彼才能百战不殆，只有足够了解自己的产品，才能从根本上解决客户的需求。

❷ 自信源于自己的公司和产品的实力，多搜集一些公司实力的举证。

❸ 自信源于自己自强不息、想要成功的耐心和野心。如果没有耐心就无法坚持，如果没有一点儿野心，就无法战胜自己，克服一切障碍和突破成长自己。

❹ 自信源于自己掌握的销售技巧，面对客户的各种拒绝，解决抗拒点，引导客户成交。

Three

权威认证给足信心

客户都有从众心理，都希望自己用的东西别人也在用。

比如别人用的是某某大品牌，自己用的不是很有名气，就会产生排斥心理。当然这里也有一种虚荣心在作怪，所以我们要站在客户的角度考虑，要告诉客户，我们的产品虽然名气不大，但是我们也有在某某地方做广告。

我们在谈单中间，要增加一些权威认证，比如客户的反馈、共同好友也在用、机构的权威认证、荣誉证书、电视台推广……这些都非常有实力和见证力。客户觉得这么多人都在用，有据可查，一定不会差，这样才能打消他们的顾虑。

要告诉客户，我们的产品不会比别人差，我们的产品更加省钱、划算、性价比高！产品口碑好，口口相传，以后也一定会家喻户晓。

当客户 A 在用着自己的产品，突然看到电视栏目上写着"由某某品牌特约赞助播出"，这个品牌正好是客户 A 用的产品品牌。那客户 A 就会有一种虚荣心：这就是我用的品牌，上电视台了，自己的眼光真不错！

04

Four

语音沟通打消顾虑

有时候我们打字很慢，你可能还要打半天字，客户就已经失去耐心了，因此我们销售产品的时候要趁热打铁。

如果觉得客户回复慢，或者自己实在不方便打字，可以选择语音沟通。语音沟通最好经过客户同意，毕竟有的客户可能不方便语音。如果客户觉得方便，我们就再语音沟通。语言沟通能够听到你本人的声音，这样就可以打消陌生的顾虑。

关于语音，我们最好用自信积极的声音，显得专业。自己可以平时跟家人或者朋友沟通时用手机多锻炼，也可以早上、晨间多锻炼朗读。

05

Five

助人心态信任成交

助人心态其实就是要站在客户的角度多考虑，确确实实给予客户帮助。

我们可以从两方面入手：

客户最担心的是花了钱却买不到合适的产品。要告诉他，我们的产品能真正帮助他。

现在的价格是真的特别实惠，抢到就是赚到，真正地帮你减成本。

我们做销售，一定要怀着帮助人的心态。因为客户一旦认可你这个人，觉得交谈过程舒服，那么认可你的产品就是顺其自然的事情了。

别人认可我们的产品之前，一定是先认可我们的服务。所以不要让客户觉得你非常迫切地想成交，否则会让客户觉得你急功近利。如果让客户感觉不舒服，那接下来的成交机会就不大。

我们每说一句话，应换位思考自己听到这样的话是否有下单的欲望。这就需要我们去揣摩客户的心理，从而达到愉快成交。

助人心态既能解决客户的心理抗拒问题，能够真正帮助到他们，又能让他们心甘情愿地掏钱，买了之后还会觉得买了超值。那么我们收获到的就不仅仅是金钱，还能让自己成长，让自己战胜自己。

我们站在客户的角度想：你的产品真的可以解决我的问题吗？我们可以给客户举证一些案例，有真实的反馈，就能证明产品的实力。

如果一款产品能够帮助人解决问题，赚钱倒是其次了，信任和惊喜会更让我们感动。

当然不是所有产品 100% 没有问题，只是我们承诺客户我们会协助他改善。我们不能卖了就不管，还应该提供售后服务。这样我们在售前、售中和售后一直都给他这种无微不至的关怀，客户也就用得踏实。

Six

切入了解客户信息

我们把客户当成朋友，更加容易增加信赖感。

在客户向你咨询的时候，我们可以马上看下他的个人信息，多方面了解客户，方便谈单中拉近话题。如果在实体店，我们就知道客户穿什么，或者从一些举动判断客户是什么类型的客户。察言观色，深入了解客户，建立好感后交流才会更加顺畅。

王先生准备买一辆车。

销售员看他二十三岁左右，这么年轻买车，一来就指定要某个款式的车子，就判断一定是因为生意上的需要。销售员就问王先生平时开得多吗？如果是生意场上的需要就推荐拿得出手的，如果只是简单的代步，销售员就推荐适中的价位。

我们需要通过客户的信息去了解他的需求。

一般进来就指定某个款式的顾客，都是自己对比过价格或者自己多方面综合考虑过的。如果想留住这种客户，如果自己的产品在价格上没有优势，就可以从售后保障或者转型其他款式去引导。然后再留下客户联系方式，有活动再来通知，后续一定要多跟进。

老张准备买一辆车，进店只是随便看看。销售员就会先咨询老张的情况，比如大概看什么价位的车？有没有中意的品牌？喜欢什么风格？商务为主还是舒适型为主？知道情况后，销售员就可以根据客户的情况推荐合适的产品。

小叮当生病了，去看医生，医生不会马上开药。而是先问清楚小叮当的情况，比如咳嗽几天了？除了喉咙不舒服，还有哪里不舒服？有没有发烧？鼻涕是青的还是黄的？呼吸有没有痰堵的声音，听下肺有没有杂音？从各个方面去了解症状，再根据症状去开药方。

我们只有对客户有多方面的了解，才能探索出客户的需求。为什么熟人之间容易产生购买？就是因为了解得太清楚了，你住哪儿，家里有几口人都清清楚楚，根本不用担心你的人品。

真诚赞美认可对方

卡耐基在《人性的弱点》提道：

人都喜欢别人的赞美。每个人都有值得赞美的地方，对方听了赞美的话，就会对你产生好感，也容易拉近两人的距离。

有的人认为做销售就是要去吹捧，要会说话，需要放下尊严去讨好别人。而自己又羞涩，不习惯说这种阿谀奉承的话。

这就是为什么我们说销售最锻炼人。因为你要面对不同的客户，跟人打交道，要察言观色。这些都能处理得好的话，那日常生活的为人处事也不会难。

如果你不懂赞美别人，那其他事也不一定可以做好。同事、朋友、客户都喜欢被尊重和认可，因为人的心理是这样，都希望受到重视。赞美别人又不吃亏，何必吝啬这些无须成本的词？

当然赞美与拍马屁还是有区别的，要把握好这个度。

1. 赞美要夸到点子上

卖鞋的店员，看到一个买了高档包包的女士进店。一开始，他先不推销，而是大赞这个客户很有眼光，买的包包款式新颖，与客户的气质非常匹配。这身装扮与我们店里这款鞋非常般配。店员就引导客户看鞋子的新款式，可以让客户先试脚。

一旦客户愿意试脚，只要鞋码合适，就可以重点推荐这个款式。用鞋子的优势和卖点来吸引客户。比如这款鞋是新上市的，牛皮材质不易脱底，一年包换，现在买还有 6 折优惠，鞋子是限量版的，等等。还可以夸鞋子跟客户的包包和气质相配，您看要不要现在预定一双呢？

自己是卖鞋的，老是夸客户皮肤好，话题不相关就扯不到一起。因为你最终目的是要引导客户购买跟自己相关的产品。

2. 赞美要真诚

总是去拍别人马屁，别人会感觉太假，反而适得其反。应该要真诚地赞美对方，同时尊重客户。不要跟客户去争输赢，自己赢了却输了客户，要适当地给客户台阶下。客户都喜欢被赞美、被尊重，因为人都喜欢别人说自己好话，都希望被别人崇拜。

比如一个产品价格贵的时候，我们就可以委婉地说：您真有眼光，我们这个虽然相比市场是稍微贵一点儿，但也是一分钱一分货的。同时，这个产品非常适合您这么有品质的人使用的。

这样侧面衬托客户的眼光好，他就不会介意价格。既给了客户台阶下，又给了他面子。

3. 赞美要切合实际

陈老板最近太忙，很久没有去美容院了。

进去之后，她的美容顾问见她气色不怎么好，猜想陈老板气色不好是因为工作，又不好说陈老板又变憔悴了。这样的话，爱美的人可能都不喜欢听，有时候讲得不好还不如不讲，但是一般的寒暄还是要的。

她可以说陈老板最近又瘦了，因为工作忙肯定会茶饭不思，难免会瘦。瘦了，爱美的人还是喜欢听的，因为大家都喜欢苗条。或者说大老板就是忙，这样贴合她们的身份，就不会偏离实际。

中肯又不失赞美的话，谁都愿意听。毕竟客户是来享受的，你要给予她们该有的尊重和 VIP 待遇一样，表示自己很关心她们。

08

Eight

切记不要攻击同行

可能客户在选择你之前，是用别的品牌。我们就不要马上说他之前用的品牌不好，这样客户会比较反感。如果是客户自己说出来，我们就可以接下话题。比如：我之前用的某某牌子一点儿都不好。如果你之前也有接待过类似的客户，就可以把别人说不好的截图记录发给他。借别人的话，不是自己说出来的，客户容易接受一点儿。

销售员：我们现在这个产品是最新推出的，主打健康。

客户：我现在用的 XX 品牌蛮好的。

销售员：这个品牌现在已经不行了，电视都报道了，有致癌物质。

客户：哪里有不行，到处还卖得挺好的。

销售员：我以前也用这个，但是后面就不敢用了。

客户：我用了这个蛮好的，以前哪里不好都用好了。

销售员……

这样就会发现聊不下去了。

因为客户在用别的品牌，既然客户在用，就不能把他用的产品说得什么都不是。你在攻击他用的品牌，就会让他感觉你在说他的眼光有问题，或者觉得客户无知，还在用电视上报道的无良产品。

我们一定不要当着客户的面说别的产品不好。在你的眼里就只有你的产品好，别人的产品都不行，就会有点儿认死理的感觉。

现在每个产品都有它们各自的优势和卖点。一个产品也不会去垄断所有的客户，每个产品都有自己的客户群体。你的客户有可能用他们的产品，他们的客户也有可能用你们的产品，这就要看怎么去绑定客户的消费需求。

销售员自身素质

推销的十个步骤：

做好准备工作；

开始进入状态；

联络顾客并引起他的注意；

与顾客建立关系并成为顾客最好的朋友；

激发顾客对你及对产品或服务感兴趣；

发掘顾客存在的问题，并扩大顾客不购买的痛苦；

使顾客想念你的产品并经由观察和提问来试探是否能成交；

给顾客创造身临其境的感觉并假设成交；

把顾客的拒绝转变成顾客购买的理由；

描绘购买之后的快乐和美好。

凡事预则立不预则废，不打无准备的仗，做销售犹如上战场。你永远不知道你今天的对手长什么样子，也不知道今天的客户是好说话的还是特别纠结的，所以需要做好随时准备。

销售特别锻炼人，是跟人打交道，见到的都是形形色色的人，接触的人多了，自然可以整理出不同类型的客户以及不同的应付技巧。

高级的销售员都是思维非常周密的，因为他们可以回答出更好的问题，以及会花时间去谈更有潜力的大单。

第一印象很重要

　　人们一般是通过一个人的外表给出第一印象的。

　　你想被人家记住，就必须要打扮自己，或者要让自己变得有特色。你的外表、言行举止，都会给别人留下第一印象。

　　如果你看上去邋里邋遢，别人看到你就会敬而远之。如果你不漂亮，但是你举止优雅、平易近人，就能让别人对你产生好感。每个人的出场都是一次个人品牌的展示。

　　我们作为销售员，前期的个人准备非常重要。有的岗位要求穿正装，化淡妆，就是要给别人一个时刻准备着的精神状态，而不是一副无精打采的样子。

　　线上推销，头像最好是自己的照片。与店铺的门面一样，你的头像就是你朋友圈的门面。用自己的照片，更加容易拉近人与人之间的距离。别人看到头像是你本人，信任度才会提高。因为网上讲究的是诚信，买产品是冲你这个人来的，信任你这个人才会更加信任你的产品。

　　同理，推销产品之前，我们要先把自己推销出去。

让自己的内心变强大

要让自己保持一个良好的心态。

很多岗位都要求员工面带微笑，这是工作状态的准备，上岗时给客户的一个状态，同时也是在给自己调节状态。

哪怕昨天发生了什么不开心的事情，也要调节好心情。哪怕失单，也要保持客观的心态。失败乃成功之母，没有经历过失败怎么成长？失败经历就是自己成功的垫脚石。

只有控制好自己的情绪，才不至于在工作过程中与客户产生冲突，因为每个客户后面都有很多个潜在的人脉圈。

自己的心态很重要，如果心态没有调整好，也许就影响你后面的所有出单。所以说销售是非常锻炼人的，你会因为出单高兴地飞上天，也会因为丢单感觉下了十八层地狱。

关键看你自己怎么去看待，内心坚强一点儿，就不容易受到影响。同时也不要怕拒绝，脸皮越厚，内心越强大，即使被拒绝也要坚持自己。

我们要面带微笑，但是不要那种皮笑肉不笑或不是发自内心的微笑。

微笑表现出来的是一个人的内在涵养和素质。一个真诚的微笑，拉近了你与客户的关系，把客户当作朋友一样。

保持微笑的秘诀就是保持宽广的心胸，常怀感恩的心。

每个人都有烦恼，尽量做到不要被烦恼所控制。

专业知识和技巧息息相关

销售员如果没有熟练的专业基础，只有销售技巧，不懂自己产品的卖点，再好的产品客户也没办法产生信任去成交。

如果只有专业知识，不懂销售技巧，就没有办法去引导客户下单。

所以这两个都是非常重要的。

如果自己都不熟悉专业知识，客户问什么你都要去问别人。别人不能及时给你回复的时候，就会让客户久等。那你的专业形象就会大打折扣。

如果客户问的自己没有回答好或者回答错了，事后又懊恼半天。这些都是缺乏业务基础导致的。

专业知识有哪些是必须了解的？

产品的卖点优势，相对同行的竞争点，品牌历史，创始人历史，值得炫耀的事情或者宣传点，目前能给到客户的活动优惠，价格利润，怎么推荐划算等。

很多宵夜店的旁边，都会有卖饮料和酒水的；超市旁边会有做小吃的或者卖化妆品的；医院旁边有酒店、餐馆。这是因为一个产业带动另外一个产业，道理都一样，满足连带销售需求。

一般公司都会对专业知识进行培训，但都会停留在比较标准的水平。如果你想要达到更加熟练程度的话，肯定就只能靠自己的努力，反复去练习。

当公司的客户来咨询你问题的时候，熟练的销售人员与新手销售员的答案都是不一样的。

成熟的销售员，他们的回答会更加果断、直率，显得特别专业，这就意味着他的专业知识是正确的，并且他能够毫不思索地讲解出来。

新手可能会停下来思考一下，然后组织语言，回答比较慢，一看就是新手，显得不专业，也很不让人放心。

当客户想买你的产品，而你又不能马上响应，就有可能会丢了这个单。所以要在适当的时机，挖掘客户的痛点，引导客户下单。如果你不能给客户满意答复或者专业的解释，没有解决他的需求，那么他就可能跑单。对销售来说，知识是销售的粮食，但专业知识只是一部分，更多的是你的反应速度。

04

Four

将反馈归纳总结

我们要学会把重要的档案或者反馈素材归类总结起来，方便后面的谈单。

比如皮肤问题，干性皮肤的问题和油性皮肤的问题。头发问题，头屑的问题，头油的问题，脱发的问题，都要采集不同的反馈素材。

每个顾客都有属于自己的方案。就像医生治病一样，你是什么病，医生都会问清楚，没有一去医院就给开药的吧？

我们要像医生一样分辨客户的病理原因，然后给出方案，需要注意什么，需要吃什么药。比如感冒，要吃药，回去要多喝水！

从另外一个角度想，我们要像医生一样。这样我们就显得更专业！每个客户做一个备注，咨询的信息搜集起来，方便下次回访。有了备注，下次遇到同样的客户就知道怎么去处理了。

销售必备技巧

1. 要问

在跟客户聊天的时候，可能会出现不知道怎么接下一个话题的情况。所以我们要会聊，不是聊乱七八糟的话题，而是引起客户的互动性去沟通的，要进一步加强客户对我们的信任。

如果是熟人就问最近生活怎么样啊？平时舍不舍得花钱？去哪些地方购物？还有家庭生活等。你要去了解他，把客户的潜在需求挖掘出来。

不熟的人可以通过日常去引起话题，比如吃饭了吗？或者看您是学生，最近放假了吧？

2. 要听

有句俗语是这么说的：上帝为什么给了我们两只耳朵、一张嘴巴？就是要让我们多听少说。

每一个跟你成为朋友的人都是想跟你多多倾诉。一般客户来找你都是因为有困难了、有麻烦了才找你。所以他说得越多，他需要得越多，你钱就赚得越多。让顾客说 70% 我们说 30%，多听少问！如果这个顾客外在的东西都是很贵、很齐全的，你觉得他会消费不起吗？如果客户穿着很寒酸或者很普通的，你就认为他一定很没钱吗？有时候恰恰相反。

所以我们就要学会多听，从中去了解客户更多的信息。

3. 赞美顾客

但不要赞美得太假了，否则会适得其反。比如你夸客户的裙子好漂亮，但这条裙子明明是一件很普通的裙子，那么客户就会觉得你这个人很假。

赞美要赞到点子上，也可以适当地开玩笑，比如你去夸客户像某某明星，又变美了。

夸完后就要找切入点。

比如你是卖护肤品的，你看到她身材保养得很好，皮肤不错，但脸上有点儿斑。你就可以先问她是怎么保养的，不要直接说皮肤很好，不然她就不会找你买产品了。然后再提她脸上有斑，这样就有机会介绍补水、祛斑的产品给她。

又比如她头发披散下来放锁骨上，若隐若现，你可以夸她的锁骨真的美呆了！然后话锋一转，但是你的发质有点儿干，之前有没有护理头发？这样就有切入点了。千万不能直接说头发好漂亮，这样就没法让她做护理了！

所以一定要多问多听，夸人最好能找到切入点！

4. 批评

我们要怎么批评顾客？

千万不能用恶劣的态度，而是要用委婉的语调。

我们是指哪方面的批评呢？举个例子。

你和顾客说："美女你的头发好漂亮，只是有点儿干，你有没有做护理啊？"

这时候批评是怎么批评呢？

不能用"你没做护理啊？"，而是要用"美女你这头发那么长，要使用发膜，头发才会更顺，看起来更漂亮，摸起来手感更好，更有女神范！"这样委婉的批评，客户就很容易接受。

比如你告诉顾客："不用发膜是不对的，不用发膜，毛鳞片流失很快，你看头发好干燥哦！做了护理，离范冰冰的气质就不远了！"这样说就像在和客户玩笑一样，客户就不反感。这样你既赚了钱，又能惹客户开心！就是要温馨提示到客户痛点。

5. 肯定和认同

你准备去买一条裙子，走进店里试穿这条裙子。你问别人："好看不？"别人说不好看，那你就会不想买了，对吧？如果有顾客或者别人夸你穿这条裙子好看，那你就会考虑一下。

一般你去服装店买衣服就是这样，只要你有想法，销售员就会先让你试。虽然你觉得看上去不怎么样，但是她们都会非常认可，说你穿了真的合适。其实她们就是把自己的服务先体现好，假如你试了，那她的销售机会就大很多了。

所以肯定和认可是非常重要的。在肯定和认可中寻找共同话题，只要把客户哄开心了，那么就可以搞好关系。关系好了才会有事情发生，有事情发生你才开心。

我们要记住，所有的销售都是发生在开心的基础上的。如果你惹客户生气了，你还能销售出去东西，那你真的很优秀，不过概率真的不大！一个人对你不认可，你惹她生气更不可能会有交易。你把她哄开心了，刚好她也有需要，那么生意自然而然就成了，所以销售并没那么难！

如何与客户恋爱

　　与客户成交的过程，就好比把女朋友 / 男朋友追到手了。你在追求这份恋爱的过程中，有没有想过被拒绝？肯定也想过的，甚至都会想到自己被拒绝了是不是会很没面子。但是如果不尝试，自己又不死心，所以不会放过任何一个推荐自己的机会。

　　带着这样的心态去做销售，你就已经成功一半了。

　　但是如果被追的这个人也害怕被你追，因为她对你不是很了解，或者怕你给不了她想要的幸福。可能两个人恋爱的时候今天如胶似漆，明天就乌云密布。这也是猜不透的心理。

销售跟恋爱一样，都需要站在对方的角度多多考虑。看透客户的心思，才能走好下一步。

销售成单了，就好比结婚了。

结婚之后可能还会有各种各样的问题。比如结婚后你想要孩子，可是她不想生孩子，你们产生了矛盾。为了维护这段感情，你肯定要想方设法解决矛盾。

销售也同理。销售后不是不管了，而是为了留住客户，做好售后。

One

亮丽的外表为你加分

　　如果你长得很好看，就会有人主动来追求你。

　　想要被别人追，你得自带吸引力。那么你想被人家记住，就必须要打扮自己，并且要让自己变得有特色。

　　我们的头像、聊天背景等可以选择一张你认为形象好的、有气质的照片，并且坚持使用，以便你朋友圈的朋友能够很快地识别你。

　　你的朋友圈里传递出去的东西一定要有正能量并且富有感染力。让你的朋友认同你的理念，信任你的人生态度。根据吸引力法则，你自然会吸引到很多跟你同频的人。

　　我们与人见面也是一样，第一印象非常重要。第一次见面的人可能不记得你的名字，但是对你的容貌是印象最深的。如果你想要留下好的印象，那么言谈举止会给你的第一印象加分。

有实力就什么都不怕

如果自己的外表不好看，那么你还可以以另一方面征服你的客户，比如你特别有实力。

就好比你第一次去拜见丈母娘。你外表平平，但是如果你内在非常有实力，那也是可以加分的。一般丈母娘都会问男方的学历、工作、住所等。

这个时候你一定要好好地介绍自己一番，如果你很优秀、学历高、工作好，那么你在丈母娘心中也会被认为是值得托付的。

如果你学历一般，也没工作，每天无所事事、在家打游戏，哪个丈母娘会放心把自己的女儿托付给你呢？所以你得先让自己优秀起来。

我们卖产品，有好的团队、好的产品，有好的方法可以教给你，但是如果你没有执行力，懒得去学习，那么这些好的条件对你来说没有任何作用。

我们要做的事情，并不是每天不停地刷屏打广告，我们提倡的是分享体验式营销，一定要把你自己对产品的真实感受用正确的方法分享到你的朋友圈。

只要你坚持用好的方法做分享，并且主动提供给你身边的人体验，一定会有收获。让自己参与到销售中来，让别人认可你的勤奋，认可你的正能量，认可你的为人，自然会认可你的产品。

如果你做几天就不见人影，或者发几天又停几天，谁还敢跟你购买。和我们在线下开实体店一样，如果关几天门、开几天门，需要你的时候你关门，下次别人就不敢来了。

所以要让别人看到你的用心和执着，不要三天打鱼两天晒网的。坚持和执行力非常重要，要让自己优秀起来，才会吸引优秀的人跟你一起干。

只有优秀了，才能让别人对你刮目相看。

Three

被拒绝也要坚持初衷

我们的圈子里有一些人，可能不一定买你产品或者给你点赞，也不一定评论你，跟你可能完全没有交流。但是不要觉得这部分人就不是你的目标客户群体，他们可能一直在关注你，只要你把前期的工作做到位。一旦他需要这种类型的产品，一定会优先想到你。

当他们的朋友圈有动态的时候，我们一定要多去评论，跟他们互动，没事跟他们聊天，不需要一定聊产品，可以聊护肤、养生、孩子、教育等方面的知识，拉拉家常。

有句话说得好，如果你不找我，我不找你，我们就是两条平行线，永远没有相交的点。

你想要与客户产生交点，就要学会主动，主动出击才能创造奇迹。不要怕被人拒绝，因为越被拒绝，自己的抗打击能力增强，内心才能越强大。

Four

宰相肚里能撑船

如果你是女生，碰到一个男生，哪怕只是普通朋友，他主动请你吃饭，你会不会对这个男的印象特别好，觉得他很大气？

男朋友第一次去女朋友家里就买东西上门，买的都是女朋友家人喜欢的，那么这个男生会不会受欢迎，好感有没有倍增？肯定是有的。

豪气爽快的人，会有很多人愿意与他们交朋友。

我们卖产品也一样，我们要对自己的产品有足够的信心，足够的自信前提是掌握好专业知识。我们可以适当做一些体验式营销，有舍才有得。

对于精准目标客户，想尝试又不敢尝试的，可以采取免费送体验的形式。只要他们体验到了，你的服务跟进好了，就一定会有成交。但是送的时候要注意方法，不是人人都送，要看人送的。体验可以是服务体验，也可以是产品体验，可以根据自己的情况来。

Five

你的用心客户看得见

在追求一个女孩子的过程中，有的男人会制造很多的浪漫。比如送一份女孩子喜欢的礼品，在关键时刻给予她关心，想他的时候，他突然出现在女孩子的面前。这些行为都可以让对方给自己的好感加分。

对于我们的客户，我们也一定要用心去服务。你可以准备一个笔记本，详细记录每个客户和代理的初次情况、购买记录、客户的工作类型。在为他们推荐产品的时候，你就可以根据客户个人的情况推荐最适合他们的产品。在适当的节日给老客户准备惊喜，或者发一个温馨红包，这样做就很暖人心。

每次客户购买之后，将客户的快递单号、快递公司名称、大致到货时间等细节以短信方式发给对方，细致服务每位客户。

当客户购买产品时，告诉他产品的正确使用方法与注意事项。如果可以的话，还可以写一些小卡片，让他感受你对他的五星级服务，做好每一个细节服务工作，让客户感受到你的用心。

Six

责任感带来更多价值

什么是责任感？

就是结婚后依然努力经营家庭，经营幸福，这是责任感。

做销售、卖产品也要有责任感。客户购买产品之后，要记得回访一下客户，顺便搜集反馈。这样不仅能让客户对你的好感升级，而且你还能将真实的反馈收藏好，以后带来更好的广告效果。

就算客户不买产品，我们也可以经常跟客户互动，维系感情，培养忠实客户。说不定他们也会帮你介绍或者成为你的代理、合作伙伴。

客户买了东西之后，我们还要售后维护，让客户觉得买的是超值的。而不是成交了之后就沾沾自喜。

维护好与客户的这份感情也需要多多关心客户，后面才能带来更大、更多的价值。

与客户沟通的艺术

我们可以通过视觉、听觉、动作以及语言沟通去做进一步的了解。

通过表面的东西，我们就可以分析她大概是一个什么类型的人。

如果她穿得花枝招展，就可能是比较爱美的人，那你就可以多夸她很美、很漂亮，这类人一般在乎表面的视觉认可。

知道她是什么类型的人后，要怎么样去解决陌生人的抗拒感呢？

可以采取"问＋答＋赞美"的方式，比如：

A：美女你是从事什么工作的呢？

B：我是做销售的。

C：哇，做销售是很好的职业哦，我原来也是做销售的，销售真的特别锻炼人，亲爱的颜值高又这么有亲和力，做销售是非常不错的选择。

这也是我们所谓的相机而动，随机应变。不同类型的人，想要听到的都是不一样的，要看不同的场景而定。

人人都喜欢听赞美的话，赞美是对一个人的关注、认可、肯定，可以让一个人的自我审视度提高，会觉得原来自己可以这么棒。这个是沟通的一方面。

亲和力也非常重要。

如果你整天一副别人欠你钱的样子，相信大家看到你都会敬而远之。线上聊天的时候，你可以通过自己的语音、表情来表达自己。

比如别人说话的时候，我们可以多应和一下："嗯嗯，是的，说得很对，我也很认同，确实说到我们的心坎上去了。"

有时候人与人之间因为有相似的地方产生了交集。

两片树叶，一片枯黄，一片嫩绿，虽然颜色不一样，但是它们的形状差不多，所以它们还是统称为树叶，因为它们有相似点。

A：你的爱好是什么啊？

B：我爱好很多，看电影、爬山、听音乐、看书。

A：这么多爱好，我也喜欢看电影、爬山。

B：你最喜欢看哪部电影呢？／最近有什么好电影介绍吗？

通过一个问题，我们知道了对方的爱好、特点，然后找到共鸣。

人与人之间之所以可以从不认识到熟悉，是因为有共同的话题。当然为什么也会有吵架、争执，是因为人与人之间的意见、见识、环境等很多方面的影响，造成了观点的分歧，产生了对事物的不同见解。意见不统一的时候，会拉远两个人的距离。

发表自己观点的时候，怎样以更好的话术说出来让对方接受，这是一个沟通的技巧。

要站在对方的角度考虑，说得好听一点儿，别人就可以接受，这叫作情商高。如果只顾自己说，不顾别人的感受，这叫作情商低。

沟通在与人打交道的过程中是很重要的。因为人是群居动物，带有一种集体安全性在里面。

在做销售的过程中，我们需要面对不同的人。不同的社会层次、不同长相、不同职业，我们就需要说不同的话。

《圣经》里有句话说得好："用合适的方式来问，在合适的时间里，你就可以得到你想要的东西。"

什么是问的艺术？

问可以再次塑造产品的好处和卖点：

A：亲之前用的什么护肤品呢？

B：我用的是 XX 品牌。

A：这个牌子我以前也用过，为什么我现在没有用了呢，因为我觉得现在这款是纯天然的、安全健康无激素，特别补水，也特别温和（这样的话好处和卖点是不是就出来了，当然也没有说之前的产品不好，只是说明了现在用的这款产品的好，才让自己换了品牌）。

问可以化解抗拒点：

A：亲爱的你之前做的那个品牌怎么没有做了呢？

B：因为我觉得产品价格太乱了，不好卖。

A：是的呢，我也觉得，做微营销的话，一定要选大众需求的，公司有控价的，不然价格乱，代理也乱，我们公司就这方面控制得非常好，亲可以考虑一下我们的产品哦。

问可以放大痛苦和快乐：

A：你最想要什么样的生活呢？

B：我想要赚很多很多钱，带家人去环球旅行。

A：这个画面看上去真的非常美好，我也特别向往这样的生活，你觉得你现在有能力去实现吗？你觉得你大概几年去实现呢？你觉得自己该怎么规划去实现呢？

一步步放大他的快乐和痛苦。因为梦想是美好的，现实是残酷的，有梦想是好的，但我们也要深知自己的不足，然后才能让自己朝这个目标去努力。

问可以促进成交：

A：亲你是现在购买还是明天购买呢？

亲你是现在决定呢还是想想就 OK 呢？

亲你是支付宝、微信还是银行卡支付呢？

亲你是购买一瓶还是购买一套、享受套装价格呢？

B：我现在就买 / 我现在就马上行动 / 我微信支付 / 我购买一套吧。

通过问，B 会从中二选一或者三选一。当然前提是需要你把痛点深度挖掘。

让他们从内心认可这个产品，告诉他我们可以解决他的需求。

第五章

Chapter

⑤

会自我总结的人成长更快

我在销售什么

我们在销售的过程中，每个人都带有一个元素。比如阿里巴巴主席马云，新东方创始人俞敏洪。

他们到处演讲，讲自己的经历和故事。他们表面上是在讲自己的故事，实际上他们是在卖自己的经历，也就是在卖自己，然后才卖自己的产品。比如俞敏洪，他是卖英语教育的。

我们的本质都是要先卖出自己，让别人先接受你这个人。然后你卖产品，或者提供服务，别人都会接受。因为一旦他对你这个人认可了，就跟谈恋爱一样，爱屋及乌。我爱你这个人，我就会爱上整个城市，因为这里有你的影子。

现在是一个卖货的时代，谁都不缺好产品。你给客户推荐产品卖点的时候推得很辛苦，结果到最后成交的时候，他就找别人成单了。

因为你这里有的，别人那里也有。客户找准你推荐的款式或者型号，去别人家对比价格，哪里便宜就去哪里买了。或者同样的价格，别人那里有优势就找别人买了。

所以我们卖货的关键不是推产品，而是要提供唯一性的服务。你在我这里购买产品，我可以提供什么服务。比如买了汽车，我可以给你提供免费洗车；比如买了某个产品，可以免费咨询任何售后以及解答各种相关护肤知识。这些服务都是稀缺性，你这里有，别人那里不一定有，或者没有这么专业的。客户要的也是这种保障和服务。

02

Two

我的目标客户在哪里

我们缺人吗?

不缺，因为中国是人口大国，将近 14 亿人口。但是我们缺目标客户，各行各业都有自己的目标客户，因此我们也要去寻找自己的精准客户。

比如我们是做美容院的，那么我们的客户就是附近楼盘的女人；比如我们是卖电脑的，那么我们的目标客户可以是个人，也可以是单位老板员工；比如我们是卖日化类产品的，那么受众群体就是广大男女。

只有明白自己的目标客户是谁，才能找到工作的重心。

比如我的客户是女客户，那么男客户自然就不是物色对象，因此就不要浪费时间和精力在男客户身上。如果是女客户，我们就要了解女性的爱好是哪些。找共同话题，可以是美容、化妆品、孩子、居家、厨艺、家庭、韩剧等方面的。如果目标客户是男客户，男士可能会对理财、足球赛、新闻、职业交流比较感兴趣。

客户为什么要找我购买

1.产品有什么优势？产品的卖点是什么？只有熟悉这些优点，你才能去介绍产品给客户，让客户心动。你可以自己尝试着去做归类总结，列出至少 20 个找我购买的理由，或者产品的优势都可以。

2.客户买我产品或者找我做代理，我能够给客户提供什么？比如产品都一样，价格都一样，我还能给客户提供什么？

一定要表现出你是谁，你对我有什么好处，但同时也要易记一点，方便别人了解。

微商林志玲，这个名字，给人的印象就非常深刻。我们可以借助这些已经成型的 IP，进行自我包装、自我打造。

比如我，肖森舟老师帮我取名微商李白。他第一次问我的名字："李跃，李白的妹妹，那就叫微商李白吧。"而我之前也是做电商的，我就自己备注为微电商李白。

有一次我加到一个大咖，久闻大名。结果他回一句，再大也没有李白名声大。看来李白这个名字还是容易让人产生深刻记忆的。

人际交往中，给对方留下一个深刻的印象，让别人记住你，就容易达成信任关系。

同时可以在我们的朋友圈做情感营销。

朋友圈文案很重要，我们在朋友圈除了刷产品，还要刷自己的故事。因为你自己的故事会更加有说服力。你要告诉别人你是一个有故事的人，如果你没有故事，说明你是不走心、不用心的，因为我们每个人都是有故事的。

有故事才具有传播性。别人找你买东西，你的经历是可以影响别人，有可能去触碰到别人心理的。因为别人也会有类似的经历，可以产生共鸣。同样的产品、同样的价格情况下谁的故事能够打动我，我就找谁成交。因为我喜欢关注你，喜欢找你聊天，喜欢被你成交。

人的心理很奇怪。有时候成交不是因为你的产品打动了别人，而是因为你自己本身。因为产品不是只有你这里有卖，而是因为别人觉得你很真实，关注你很久了，认为你就是一个很优秀、很有能力的人，那别人就会喜欢给你付费。

客户不买的原因

❶ 产品太贵不想买了；

❷ 专业知识讲解不到位；

❸ 不能解决客户的痛点；

❹ 自己不能做决定，要回去问问家人；

❺ 担心产品没有想象中好；

❻ 没有给予一点儿优惠，怕买亏了；

❼ 喜欢到处比价，只是打听一下价格。

我的产品贵吗？是真的贵，还是贵在哪些方面？这些优势卖点自己都不够了解。专业知识方面，客户可能会问一些你没有遇到过的问题，那你平时的积累就很重要。还有客户可能会纠结，比如说没那么多钱，怕产品没想象中那么好。

总之客户会纠结这个产品，可能会到处对比，会有一系列的抗拒点存在。

Five

我的竞争者是谁

　　所谓知己知彼百战不殆，我们只有了解了自己与竞争对手之间的优势卖点，才能够在销售中取得领先一步的位置。

　　了解竞争对手可以从多方面，比如它的产品卖点、产品历史、宣传力度，或者公司实力、代言人等多方面的。

第
六
章

Chapter

如何应对客户的推辞

顾客：我要考虑一下

对策：时间就是金钱，机不可失，失不再来，以免夜长梦多。

针对要考虑一下的客户，我们可以采取追问法，一定不要等到客户很久不回答了才去追问。如果现场能够马上给到答案的，个人建议不超过 5 分钟就要跟进就最好了。因为很多客户都有冲动性心理，他们这一秒想买，下一秒就可能改变想法了。过了这个时间你再追着别人去买，可能别人已经没那么热情了。

下面有几种说法，大家可以参考一下：

1. 自己：您应该是看中了我们的产品才需要考虑一下的对吧？

对方：是的。

自己：您都看好了我们的产品，您是可以自己做决定还是需要征求谁的同意呢？

2. 您确定不是逃避我才这么说的吧？

3. 您也认可了我们的产品，您是出于什么顾虑，可以跟我说一下吗？

4.您考虑一下吧，您看我是明天上午联系您方便还是下午联系您方便呢（给客户考虑的时间，二选一法）？

5.您是觉得价格贵了还是什么原因呢？

6.不好意思，是因为我哪方面没有解释到位还是？不妨您跟我说一下，希望能够帮助到亲。

Two

顾客：太贵了

价格太贵。

我们很多销售听到"价格太贵"几个字的时候，就会变得没有信心，会觉得我的产品是不是真的太贵了，如果自己都这样认为的话，你的客户肯定也是这样认为。我们自己要弄清楚一点，太贵的潜台词后面是客户还是比较想买这个东西的。

但他为什么还会这样说？

第一种可能就是他觉得这个商家的利润太高，他买东西总有还价的余地，会觉得你贵是赚他的钱，所以总是杀价。

第二种就是客户条件性反射，觉得什么东西都很贵，这东西可能就是他一个月的生活费，买不起。

面对这种客户的时候，我们需要强调这个产品是一分钱一分货的。接着要介绍我们的产品质量，各方面的优势，包括服务、售后方面来体现产品价值。

还有我们平时可以给客户一些赠品。比如你卖护肤品就送一些体验装，可以通过赠送小东西，让客户感觉得到一些实在，才会认为买你的产品物有所值。

❶ 我们这个产品确实是一分钱一分货的，之所以价格偏高也是有原因的，要么我拆给您体验一下或者先给您寄点儿试用装感受一下？产品好不好，用过才知道嘛。

❷ 我们的产品是利益最大化地让给客户，高性价比，既省钱效果又好，亲民的价格、大牌的品质，真的是买到就赚到了。

❸ 您最初的预算价位是多少呢？要是这款超出您的预算，我们可以再选选其他款式。我相信这么多款式总有一款适合您。

拆分法：将产品的几个组成部分拆开说，每部分都不贵，合起来更加便宜（功效方面，美白、祛痘、淡斑、淡化痘印、洗头、刷牙……）。比如一款气垫霜：它不只是 BB 霜，又是妆前乳，又是面霜，一份价格多份功效。既能补水又能美白，省了 3 份的价格，这样您就不会觉得贵了。

平均法：我们直接去报一个价格的话，客户会觉得很贵，或者说可能突然没办法接受这个价格。把产品价格细分到每一天，分到每月、每周、每天。产品可以用很久，值得购买（比如价格 128 元除以 45（天数），使用这个产品一天就 2.8 元钱，一天两次就 1.4 元钱），那么这样算下来，每个月大概是一天一两元钱。一天这点钱就可以给他一个健康，用平均法来给客户打比方，客户会觉得划算点。

你去买个零食或者吃一顿大餐，可能一天就用了几百块钱，但是现在你只要几毛钱或者几块钱就可以换来一份健康，客户就会容易接受。毕竟现在几毛钱、几块钱真的不值钱。

赞美法：通过赞美让顾客不得不为面子掏腰包。你可以这么说："一看您就是平时追求生活、注重仪表的人，您这皮肤保养得真好，怎么会不舍得买这么好的多方面产品呢？"

Three

顾客：能不能便宜

1. 体现价值

交易就是一种投资,有得必有失,光看价格会忽略品质和服务。

某宝是便宜,但是没售后,只支持退款,不会给您温馨提示以及护肤常识。生硬的对话不会把顾客当朋友,假货也多。

我们虽然价格高一点儿,但是有价值,同时能够提供售后服务。羊毛出在羊身上,一分钱一分货,越是便宜的东西,售后越多,贵点的东西虽然贵,但是品质还是好。我们东西虽然贵点儿,但是它可以用好几年。便宜的东西,如果用了不好的话,到时候不仅浪费钱,反而没有效果。

要强调这个价值。

2. 亮底牌

"这个价位是目前最低价了,已经到底了,实在不能再低了，公司有控价"等。

即使不是最低也要说成最低，体现出我们的难处，要让顾客觉得这个价格可能真的是情理之中了。

3. 还原现实

目前来说，我们很少有机会花很少的钱买到高品质的产品。如果确定需要低价格的话我们这里真没有，但是除了我们这，别的地方也没有。除非是假货，你可以去看某宝，但是别忘了某宝 80% 都是假货。但说的时候我们不要那么僵硬，只是告诉客户，您在我们这里买肯定是可以保证百分之百的正品，在别的地方可能价格便宜。

因为像这种现象确实还是比较多的，很多人可能就是贪便宜买了一个假货，然后又碍于面子不好说，最后还是来买正品。不要让客户自己真的买到假货的时候再来后悔，这样客户就会慎重考虑了。

Four

顾客：你的商品比别人家的贵

听到这样的问题，我们先不要马上怀疑自己的产品是不是真的太贵了。客户说别的地方便宜，自己的贵，不排除有两方面：第一就是他没有找别人做任何对比，只是假装别人家的便宜，以此来压你的价格。第二就是你的产品确实要比他们家的贵。贵也只是价格方面的，我们除了价格去和别家的做对比，如果价格没有优势，我们可以从另外一个方面抬高自己的价值。比如售后服务或者其他赠品等，都是可以等值交换的。

我们给客户的解释是：价格整体看是不便宜，但因为货真价实，而且我们的售后服务也好，如果您用了我们的产品体验不好，检查出来是因为产品的原因，公司会承担全部责任。但别家的低价产品就没有这种质量保证。

先不说自己的优势，借鉴别人的反馈来说别家低价产品的弱势，摧毁顾客的心理防线。比如我的朋友 XX 上次在 XX 那里买产品，价很低，但查询不出正品。是不是假货她不知道，反正用了没效果，要退款商家还语气不好。

温馨提醒法：一定要记得提醒顾客，现在假货泛滥，不要贪小便宜吃了大亏，自己的脸可是本钱。优品质的高服务和低品质的价格比起来，还是前者更好吧。要是买到了假货，您这脸可是一辈子的事，我们买护肤品的初衷不就是为了变得更好吗？所以请您三思，便宜的东西只是价格便宜，用不好反而浪费钱。贵的东西虽然贵点儿，但是用了有效果，就很值得。

顾客：没有钱

其实客户不是真正缺钱，缺钱可能也有确实是缺钱的。但更可能是因为你没有挖掘客户深度的痛点和需求点。

那么我们就要给客户一个"你必须买，你必须现在买"的场景。

比如客户是因为没钱而只买一款产品。你就告诉客户从目前来讲，确实你买一瓶是比较实惠。但是从长远来讲，你买一套或者买这款搭配那一款的效果会更好。而且套装会更加优惠。

这样子就可以给客户一个更好的体验效果，因为很多东西确实配套使用效果会更佳，同时你也可以提高自己的连带销售额。当然我们肯定是站在了客户的角度，给客户争取到了最大的福利，客户还是受益的。这里主要体现的是服务和价值。

让客户打破局限思维。单买一款风险是小，但总的来说，多买更加实惠。帮客户从长远规划，反正要用，买套餐更划算。

分析产品不仅可以给客户本身带来好处，还可以给周围的人带来好处。他产品用好了，自信了，工作也好找了，那他就会做代理，去推荐亲戚朋友一起用。自己用了更实惠，同时也多了一份赚钱的机会。只需要一点点投入，就可能带来更大的价值机会。

顾客：它真的那么值钱吗？

这个东西真的值钱吗？

我们自己要去找案例，告诉客户，某某某也在用这个产品，用了这个效果确实很好，给她们看真实的反馈，告诉客户产品效果和使用后的案例就摆在这里。

还要告诉客户产品贵在哪些地方。比如质量好，做工好，知名明星代言，有媒体推广，产品质量肯定不会差。

总之告诉客户，如果我们的产品是不好的东西，就不会有这么多人争着买，我们的品牌不会越做越大。如果产品不值钱，客户就不会产生回购率，顶多是一次性买卖。

客户都有跟风心理。所以我们要总结一些榜样案例，在销售时展示给客户看，让客户打消顾虑。

同时，让顾客坚信自己是正确的。

"您是位眼光独特的人，现在难道怀疑自己么？您最初来找我的时候就是英明的决定。您不信任我可以，但是不能不信任您自己最初的想法。既然选择了产品想要试试，就应该相信这款产品。"

当然，你本身一定要自信，我们的产品肯定是值这个价格的。没有卖不出去的货，只有卖不出货的人。

你可以继续用拆散分析、对比分析以及举例分析法的方法来销售。

或者适当地夸大一点儿宣传，但是不要太离谱。

比如香飘飘奶茶打广告，年销量可以绕地球一圈。但谁知道有没有这么多销量呢？但是可以预见，预见自己的目标就是绕地球一个圈。我也可以预见我可以登上福布斯富豪榜，当然最后不知道能不能挨上边，但是这样的自信还是要有的。也就是要告诉客户，这个产品的销售就是这么好，就是这么值钱，你信与不信，它就摆在这里。

客户的常规心理

占便宜的心理

最贵的劳斯莱斯一样有人买，便宜的地摊货也一样有人嫌贵。

在销售过程中，客户要的不是便宜，而是占便宜。

有的客户不会关注产品的真正价值，而是他占便宜之后的愉快心理。

我们路过商场的时候，常常会听到打折、清仓、甩货、买一送一等。其实这些促销信息也是看重消费者占便宜的心理。客户听到这些打折销售信息，就会从四面八方赶过来。这样容易产生从众效应，大家就会觉得"哇！都在抢这个东西，我也要抢！"

你和我说："买这个东西只要五十元。"与你说："这个东西我可以给你省二十元。"哪一种说法更吸引？一般都会选择"省二十元"的说法，优惠力度看得见，更有诱惑力。

比如客户买 99 元的东西，你可以给到客户价值 199 元的东西，客户就会觉得超值，占到了便宜。

客户在买东西的时候，肯定会一味地要求你价格便宜一点儿，再便宜一点儿。砍价成功后自己就有种成就感。

有时候你开价稍微高了一点儿，但是送客户一堆的东西，客户也会觉得是超值的。所以客户要的不是真正的便宜，而是占到便宜。

商家平时的打折清仓等促销，是商家的营销手段，以此来吸引客户过来购买。用打折手段来给人一种心理暗示：你是非常幸运的，刚好赶上了这种折扣的机会。

但是做这种活动一定要注意分寸以及频率，不然老是做促销活动，他就会有被欺骗上当的感觉，或者说太疲劳，没有新鲜感。

我们要让客户满足，又要让他们有赚到了的心理。

从众心理

从众效应心理，也可以叫随波逐流。

我们在某个行业做好了一个产品或模式，就会有很多人跟风一起来做。

一些主见不是很强，或者判断力不是很强的人，就喜欢受表面的氛围影响。

人都是趋利避害，有安全性心理，都希望减少伤害的因素。

我们走在大街上，看到一家店铺的生意特别火爆，就会觉得这个店的生意肯定不错，自己也会有购买的欲望。这就是从众心理，跟随大众走。

比如有一个产品，你的朋友 A 在用，朋友 B 在用，你就会想这个产品是不是特别好用？

跟着潮流走，自己承担的风险就少。一般主观性不强或者想买不买的客户都容易受影响，比较冲动性地就购买了。这样的随波逐流对市场来说是很好的，只要有这个趋势，就有这么一群受众群体。

我们在网上购物，很多平台有销量的显示。如果你去买东西，你看他的店销量特别火爆，几百笔、几千笔销量，那么你自然也会有种购买的欲望，就会觉得这个东西肯定是卖得很好。

如果这个店没有一笔交易，或者只有几笔，你就会觉得这个产品不好卖，自然就会有抵触心理。

当一个店铺销量越高，打造得越火爆，氛围很好，自然就会吸引人去购买。

无论是线上销售还是实体店都是一样的道理。一家店新开业，会弄得非常的火爆。请人打鼓或者放鞭炮，然后挂着灯笼，张灯结彩的，办各种各样的活动，比如会员送礼等，弄得很热闹，吸引人气。大家看到新开张，又有那么多人围观。自然想要跟风购买。

这就是从众心理。

但是这个产品首先质量不会差，第二方面要在其他的一些方面更加突出这个价值，比如说会送东西，或者说他的一个返现，送红包、送优惠券或者其他的一些会员福利来带动回头或者转介绍购买。

特殊对待心理

每个人都希望自己受到 VIP 一般的待遇。所以我们要把每个顾客当作上帝，不要跟客户吵架，像朋友一样尊重。客户就会感觉我把你当朋友了，有什么好的东西都留给你，有什么好消息第一时间告诉你，并且第一时间解决他的疑问。

很多地方都有 VIP 服务，比如酒店 VIP，商城 VIP 卡。VIP 卡可以给贵宾优惠，同时可以满足客户的虚荣心，给他们尊贵的身份。

现在很多店都会有免费 VIP，他们以这种方式来捆绑客户，给积分或者打折，这些都是给到他们特殊的福利。过节或者节庆给客户一份小惊喜、小红包，让客户觉得你的心里有他，客户会觉得你更暖心。现在很多机构也都有推出生日送礼或者享折扣。

但是羊毛始终出在羊身上，这些小小实惠也只是受到他们短暂的青睐，最终要留住人心，还是要靠优质的、无微不至的服务方。

比如看到客户来买东西了，就说自己饭都不吃了，先接待客户，让客户有种宾至如归的感觉。如果客户进来你不冷不热的，可能他看一下没有什么可以入自己法眼的就走了。

其实每个进店的客户都或多或少有需求，如果因为你的一份关注，问客户想找什么，你找到的物品确实客户是没有找到，他也许就会多看一眼，多一分交流就多一分希望。

04

Four

专业服务心理

专业服务需要自己平时多积累专业知识，客户问到的时候自己可以给予最专业的回复。而不是客户问什么一问三不知，这会让客户感觉自己碰到了一个新手，让客户害怕自己买了东西后下次来售后就找不到人了。

但是如果你是非常专业的，客户就会对你增加几分信任感。特别是那些已经从事这个行业好几年的销售员，客户会觉得你非常靠谱。

人们看医生喜欢找专家，买东西也是一样的心理，也希望找到专业的人来推荐他合适的东西。

条件反射心理

客户的反射性拒绝心理通常会出现在新销售员面对客户的时候。

客户问你们公司在哪儿？工厂在哪里？成立多久了？公司的情况，新人不一定了解，他们有时候傻傻地回复别人一个很尴尬的表情，或者直接说我不知道。

还有客户问用这个产品需要调理多久可以见效？有没有效果？结果新人回答我也刚开始用或者是模棱两可的回复。从问答就可以很明显地反射出来你不专业。

不专业的态度和不成熟的表现直接让客户产生了条件反射心理了，他就会怀疑这个产品到底值不值得购买。

新人在这个时候宁愿不回复。先去问下自己的团队寻求帮助，或者平时多留意这样的问题，就不会遇到同类问题棘手回答不上来。

所以我们一定要时刻做好销售准备。

客户：我想做你们的代理，可是我觉得我比较笨，我怕学不会？

我：亲爱的，其实我在刚开始代理的时候也有这样的担心，因为我带孩子很多年没有出过门了，与外界的沟通也非常少，我也担心我学不好，但是我相信我可以改变。所以，你也要相信自己，我相信你一定可以的，有需要我帮助的地方，可以随时找我沟通交流。

以上这个例子是对刚接受销售行业的新人。他们也一样有条件反射，担心自己学不会，就会抵触这个产品，抵触这个行业。我们作为前辈，就可以用自己的经历打消他们的顾虑。

06

Six

安全保守心理

客户看到反馈非常动心，想尝试又不敢，这是正常的，因为每个人都是趋利避害的。

人们的消费习惯懒得去换，懒得去适应，因为担心换了又不适合自己，所以就会有一种自我保护的心理。

比如我平时习惯了每天晚上 11 点睡，睡床上可能还要玩会儿手机，然后早上睡到 10 点。你要我突然改变习惯，9 点睡、6 点起床，那谁能一下子习惯得了？哪怕到了 6 点又想睡一下，赖床到 10 点。

谁都不想去做改变，因为改变会让自己不舒服，适应不了。

客户用产品也是一样。他本来用得好好的，你突然要他去换，他就会害怕产品不适合自己，怕你宣传的产品并没有想象得那么好。这些都是出于安全心理，害怕去尝试。

抵触性心理

  这类客户，他是很想买，但是如果你要他买的话，他又觉得自己吃亏，没得到什么实惠。不买的话他就觉得，自己好不容易看上了这个东西，然后因为不买了，觉得自己又不甘心，所以就会非常纠结。

  他们在纠结的情况下，你说什么他们都很排斥、听不进去，但是其实他心里有一个点，你没有去触碰他那个点。

  你要给予他买这个东西觉得值的心理，让他感觉得到了实惠，那么就可以解除掉他的顾虑。

  你可以采取一些方法。比如送个赠品或者一些小玩意儿。如果他比较中意，那么他就会觉得值了。最重要的是要让他感觉自己占到便宜。让他满意了，他就会比较容易接受。

  这种客户还比较注重价格。所以你不需要说别的东西，只要给他实惠，让他感觉得了实惠的满意的心理就可以了。

销售员 A：美女你穿这个衣服实在是太合适了，我看这个产品与你的衣服非常搭配，你觉得可以吗？

客户：还行。

销售员 A：这个是我们店里卖得最火的一套了，就拿这件可以吧？

客户：这个什么价位呢？

销售 A：268 元。

客户：这个价格贵了一点儿。

销售员 A：那你觉得多少价格合适呢？

客户：开价这么高，我都不敢还价了，可以少点儿不了？

此时客户进入价格纠结期。销售员再说产品的卖点他都听不进去，因为客户只注意到价格有没有优惠。如果没有优惠，客户肯定会掉头就走。为了挽留客户，我们可以去点儿尾数或者送一件内搭，然后再夸这个内搭的卖点，告诉客户送的礼品也是超值的。

以此来转移客户注意力，如果客户看中了赠品，你们又谈得合适的话，客户就不会太纠结价格了。

针对客户的销售

我们经常会遇到这种情况：当你使出浑身解数，口干舌燥后，才发现他根本不是"真正顾客"。

怎样瞬间认清顾客并一举攻下？下面我们将实战营销中常见的九种顾客进行分析，让我们更有效率地进行现场营销讲解。

01

One

迟疑犹豫不决型

此类顾客主观意识不定，自己又怕受伤害，所以左思考、右思考，希望有人帮他做参考或者下决定。

心理诊断：此类顾客是有购买的欲望，但是顾虑太多，容易冲动性消费，销售员只需要引发那个爆发点。

处方：站在客户的角度，了解客户的顾虑，打消他的疑虑，把他当朋友，适当的时候运用一下催促下单的方法。比如产品稀缺性、活动期限性、赠品稀缺性等引导下单。

Two

爱慕虚荣型

此类顾客渴望别人崇拜或者仰慕自己。

心理诊断：此类顾客平时比较注重豪华生活和外表的风光给自己带来的荣誉感，只要营销人员进行合理的诱导便有可能使其冲动性购买。

处方：多附和他，夸赞他好眼光、好品位，同时尊敬他，表示要向他学习，他会顾及面子，争取买下商品。

可以通过产品时尚外观或某些特殊的功能卖点，给他带来某方面虚荣心的满足，显得独特，与众不一，迎合他的心理需求。

03

Three

保守沉默型

这类顾客是对什么都不发表意见，无论营销人员说什么都点头说"是是是"或干脆一言不发。

心理诊断：无论营销人员说什么，此类顾客内心已经决定今天不准备买了。

换言之，他只是为了了解产品的信息，想提早结束你对商品的讲解，所以随便点头。随声附和"对"是为了让营销人员不再推销。但内心却害怕如果自己松懈让营销人员乘虚而入，令自己尴尬。

处方：若想扭转局面，让这类顾客说"是"，应该干脆问："先生（小姐），您为什么今天不买？"

利用截开式质问，趁顾客疏忽大意的机会攻下，突如其来的质问会使顾客失去辩解的余地，大多会说出真话，这样就可以因地制宜地围攻。

喜欢砍价型

这类客户总觉得你们的产品赚了他很多钱，感觉自己被宰了，希望占便宜。他们通常会直接说这个太贵了吧，然后直接砍价砍到一半或者更低。

心理诊断：可能吃过亏，或者自己本身就精通产品行情报价，知道里面的水分。

处方：这类客户对产品特别有底气，他们是直接看好了产品，只追求最后的价格。说明他们其实对产品没有任何疑问，只是纠结价格。

但我们不能一开始就答应他们的要求，而是要适当报价，否则就会因为报价不妥反而失去了客户。对初次来咨询、不懂行情的客户可以适当报高一点儿，让他有还价的空间。如果是直接找准款式进来的，就可以适当报低价。

当然如果你的产品和别家都是一样的价格，没有价格优势，那你也可以趁机给客户引荐别的款式，这样就好摆脱低价的对比。

如果客户执意要那个款式，可以以增加服务来提高产品价值，因为服务是无价的。比如客户到我们这里买车，提高 4S 服务的期限或者赠送一些免费的产品，先留住客户，好后期消费。

性格直爽型

这类客户特别会做人，知道销售员辛苦，不爱过多说什么；或者是因为送人等，就会直接豪爽购买。

心理诊断：不喜欢过多推荐，因为有自己的判断，看中的款式就直接下手。

处方：这类客户知道自己需要什么，是主客型客户，一般是老板，或者是有自主权利的人，或者是为他人购买，直奔主题而来，有自己的主观意识，看中了就直接下单。

他们比较注重质量为先，价格合理，如果销售员给到最佳实惠，他们就会买得更加称心。

显得很在行型

　　此类顾客认为自己对产品比营销人员精通得多或者自己就是从事这个行业的。

　　他会说"我很了解这个产品""我与该公司的人很熟"等，但他有可能说一些令营销人员着慌或不愉快的话。

　　这类顾客硬装内行，有意操纵产品的介绍，常说"我知道，我了解"之类的话。

　　心理诊断：此类顾客不希望营销人员占优势，或强制于他，想在周围人前显眼。

　　但是他知道自己很难对付优秀的营销人员，因此，用"我知道"来防御和保护自己，暗示营销人员他懂，你不要来骗我。

　　这种情况，营销人员要认为他们几乎是对产品没有任何了解。

　　处方：应该让顾客中圈套，如果顾客开始说明商品功能特性时，你可假装顺同点头称是，顾客会很得意。

当因不懂而不知所措时，你应该说："不错，你对产品的了解真详细，你是否现在就买呢？"

顾客为了向周围人表示自己了解产品、装了不起，故此一问，顾客一时不知如何回答，从而开始慌张，此时是你开始介绍产品的最好时机。

Seven

刁蛮不讲理型

此类顾客对产品功能、外观以及服务等具体要求非常苛刻，对营销人员有一种排斥心理。

心理诊断：此类客户购物向来谨慎小心，担心上当受骗，所以会提出一些超出别人正常思维的问题和细节，以消除内心的顾虑，同时满足自己心虚的心理。

处方：销售员应耐心解答顾客提出的所有问题，打消其顾虑，语言一定要强硬。并在讲解过程中将其思路引导到产品的功能、卖点、前卫性以及售后服务的完善性方面来。

可能在和这类客户的交流过程中，我们说什么都不是。我们只有尊重客户，多倾听客户，应和"对的，对的"，把客户当朋友，帮他分担顾虑。

Eight

理智冷静型

此类顾客稳、静，很少开口，总是用怀疑的眼光审视商品，显示出不耐烦的表情。也正因为他的沉稳，会导致营销人员很压抑。

心理诊断：此类顾客一般都注意听营销人员的讲解，他们同时也在分析、评价营销人员及产品。

此类顾客属知识分子，发烧友较多，他们细心、安稳，发言不会出错，属于非常理智型的购买者。

处方：对此顾客进行销售的过程中应该有礼貌，诚实且低调，保守一点儿，别太兴奋。

不应有自卑感，相信自己对产品的了解程度，在现场销售中应多强调产品的实用性功能。

礼品的基本特性

根据用户的喜好送礼

送礼不要送太高档的东西，否则会让人感觉有贪污受贿的嫌疑。可以巧妙一点儿，比如刚好家里有土特产，或者在外面旅游带回来的，这样显得是顺便带的。一份心意就可以了，不要太夸张了，太夸张反而让别人觉得受不起。

我们还要设计怎么样才能有效地赠送我们的赠品。要根据用户的喜好去选择赠品，而不是你有什么送什么。比如产品的小样可以偶尔送一下，不要让客户产生审美疲劳感。并且不要送太贵的，不然客户会觉得你赚了他很多钱，可以送那么多。

做活动的赠礼，要与你自己相关的，或者是与你的产品相关，这样才能吸引到精准的粉丝。不要搞得太复杂，尽可能减少对方的操作难度。不要让对方截图，又让对方集赞，还让对方推荐好友，这样操作太难了，步骤烦琐……要做到最简单，就好像到杂货铺买东西一样，给钱，东西你拿走。

怎样简单呢？给出方法，准备好文案，让参与的人复制，再发到朋友圈。

02

Two

塑造赠品的价值

送的东西可以是稀缺的，或者是非常火爆的明星单品等。因为送肯定要送得有价值，而不是让人觉得是廉价送，不然客户觉得是免费的就不知道珍惜。产品本身不能太 LOW，不然大家参与一次后下次就不敢参加了。要让客户领了觉得真的超值。

赠品送出去之后能不能引来更多的粉丝和客户，这个就要看我们的游戏规则到底简不简单？可信度高不高？接下来就是制造稀缺感。

如果产品本身就是有趣、好玩、小清新、新颖的东西，特别受到女性的喜爱，给人的感觉本身价值比较高。只要推荐好友就可以得到，相对来说容易做到，难度适中。

就好比我们今天钓鱼。我们在钓鱼的时候最关心的是如何能快速钓到鱼。但是你会考虑鱼关心的是什么？它不想被鱼钩伤害到几次？它什么时候能吃到鱼饵并且成功脱身？

这也是客户真实的想法。每个人都有贪欲，很多人都希望不劳而获。这也恰恰反映了我们的人性，比如爱贪小便宜。

Three

礼品的稀缺性

要限定数量，比如只有两份，先完成先得到。

增加竞争性，增加对赌性，这样就会有很多人参与进来。

但只有两个人能拿到礼物，所以最终的实际效果要远远大于两个礼物所带来的粉丝。

Four

礼品的紧迫性

"这个活动只搞三天，15 号截止，过期不候。"

紧迫性是为了让别人尽快参与，不要拖拖拉拉。客户如果拖拉了一会儿，很快就会没了热情。所以卖东西让客户马上下单是最明智的。

低成本的营销方法，大家要多多使用。至于效果，取决于你的方法猛不猛，是不是别人想要的。

05

Five

如何维护新来客源

把鱼引进了自己的鱼塘，鱼要怎么上钩？这也是非常关键的。

既然粉丝来了，他们通过活动购买过产品，或者跟你建立了关系，可能会再次找你购买。那么你要如何维护这个客源呢？

其实也是一样，要以谈恋爱的方式去交流。尽量站到顾客的角度思考问题。假如你新加了一个陌生人，别人就找你推销产品，你能够接受放心去买吗？答案是会拒绝的。

谈恋爱的过程中，我们很多时候都会在说话之前或者想要去指责他之前，考虑我说的话会不会让对方伤心了？他会不会拒绝我？拒绝我怎么办？会不会让他生气？让他不舒服？等等，对待客户也是一样，我们要换位思考，多去听取他人的想法和意见。

在聊天的过程中不要一开始就推广我们的产品。了解后觉得不错，再慢慢将你的专业知识、产品知识加进去。因为客户是爱屋及乌的，你先和他们做朋友，让他们对你敞开心扉，再从他们身上去赚钱或者等价交换。

促客户成交法则

销售是门大学问，做销售就是做概率。

有一位销售高手曾说：做销售等于在一百个碗里，只有一个硬币，但是你又不知道硬币具体是在哪个碗。于是你只能一个个揭开，在找硬币的过程中你是非常开心的。因为你感觉下一个碗里面就有自己想要找的硬币。虽然此过程中会有失败、失望，但是你还会继续前行，直到收获真正想要的。

这就是销售。

一切的成交都是为了爱。要热爱自己的产品，关爱客户，钟爱事业。100 个人里总有一个适合你，佛渡有缘人，哪怕现在不能成交，总有一天缘分到了，他也会成为你的客户。

有时候成交凭感觉，感觉对了就成交。

就像恋人之间总爱问你到底爱我哪一点？你为什么会爱上我？其实大家都说不出一个所以然来。感觉来了就对了，但如果非要讲原因，还是能说出来的。

打折成交法

我们要合理地利用实惠这一活动，先给予客户甜头。

俗话说："舍不得孩子套不住狼。"要想得就一定要先学会付出，先让客户体验这种消费，他体验好了你才能出单。

比如他觉得一般瓶装产品贵，不敢轻易尝试。那你可以采用送体验装的形式，让客户先体验。

星巴克将 25 ~ 40 岁的消费群体作为他们的核心客户群体。这个是他们经过长期数据调查总结出来的，如果要绑定这部分消费群体该怎么做呢？结合他们的需求，提供体验式的服务，可以快速无线上网，让客户能够更长时间停留在店内。舒适的环境吸引很多客户带平板电脑来喝咖啡。一边喝咖啡，一边发邮件谈事情，客户感受到了这里的好处，就会慢慢养成这种依赖性。

除了给予客户好处，还可以利用一些活动打折。主动提醒客户活动信息，毕竟对客户来说，打折等于买到就是赚到，就不会认为你单纯是为了赚他的钱才来找他的。当然打折力度也要真实存在，不然没有引诱力。

二选一成交法

我们问客户问题的时候，不要问客户思考的问题，而是要给客户设定好问题，引导客户去回答。如果你要客户组织语音，要发挥想象力，那你的成交机会就不大。

二选一成交法是我们给客户设定的两个场景，这就可以给客户一个选择的机会。客户可以根据自己的需求范围做选择。一来可以给客户台阶下；二来也可以给他一个拒绝的机会。

但是选项方案不要太多，不然客户就会很纠结。

或者你可以给客户直接做选择的答案，也就是说给客户设定好的答案。

可以参考以下来问：

"您看是先买一件还是买一套享受优惠价呢？"

"您看是选 A 还是选 B 呢？"

"您看是先拿个零售体验还是直接拿个代理呢？"

03

Three

推高选低法

人都喜欢讨价还价，所以我们开价一定要先报高一点点。客户会再慢慢砍价，如果客户不能接受贵的就自然选择便宜的了。

销售员：老板好，我店里现在这款产品卖得特别火爆，也是店里目前最贵的一款，你看要不要考虑看下呢？

客户：这个太贵了。

销售员：（根据客户的语态分析再推荐价位低的）这样吧，您看要不要考虑这一款，这款的性价比也是非常的高，并且目前厂家还打 8 折。

我们刚开始推贵的产品可能客户就不考虑买，但是如果我们去推价位低点儿的产品，并且这款的性价比特别给力，产品质量非常好，价格也非常适中，同时给予折扣或者赠品，客户也觉得非常超值的话，就会考虑这一款。

其实很多爆款，一般都是起点非常高，作为销售员的利润点也会非常低。如果是自己觉得可以推荐的款式，并且它的利润可能会更高，同时站在客户的角度，非常适合客户的需求，也可以满足客户的心理价位。

Four

夹心饼干法

客户都有这种心理，觉得太贵的东西，怕买贵了，怕被宰了。所以他们对于一个喊高价的东西，会有一种抵抗心理。或者自己还没有去了解这个东西的价值，突然报一个高价，那他还是没有办法接受的。

如果你去报一个很低的价格，客户也会觉得太便宜了，也可能会觉得这个产品不划算。

所以我们可以通过报 3 个价格，客户会觉得居中一点，比较容易接受。

我们去报价的时候，可以报 3 个价格，比如 1000，2000，5000。一般客户会选择居中一点儿，因为不会太贵，也不会太便宜，选择中间的会觉得稳妥一点儿，出于自我保护心理，会选择适中的、靠谱的价格。

Five

制造紧张感

　　我们跟客户做沟通交流，最后的结果是引导客户成交。那么要怎样才能让客户快速成交？

　　给客户制造一种场景，制造紧张感就是告诉客户，这个产品本身是稀缺的，可能快没货了。或者说这个活动倒计时了，就剩最后几个名额。

　　比如现在就剩这一款了，这是我们老板特意留的唯一一份，亲来得真是时候！并且这个产品是限量版的。亲太幸运了！这个产品目前是我们店里最畅销的款式，您看现在看的人也特别多，可能一不小心就被抢光没有货了，您看要不先交个定金？越是火的东西越要相信自己的眼光。客户就会觉得放弃很可惜。只要他有一点点喜欢就会容易选择交定金。

　　紧张感会让客户想要去珍惜这个好机会。

　　还有我们可以借助节假日放假等客观因素。比如要过年了，物流快递都要放假了，到时候你有钱我没货了等。

产品是物以稀为贵的，稀缺可以是自己送的礼品稀缺，也可以是自己卖的产品。

比如快递快下班了，您这个时候下单的话还来得及发货，您看要不要现在拿一套呢？

我们这个产品卖得太快了、快断货了，亲看要不要现在预订一套呢？

我们的活动就只剩最后2天了，过后拍大腿都没用，机会就只有这么一次，马上就恢复原价了。

我们的优惠名额快满了，只剩最后50个了，亲看要不要帮您预留一个？

这些都体现你的产品很稀缺、很珍贵，紧张感加大客户下单概率。

Six

三句话成交法

这个方法特别好使，一流的销售大师就是用这个方法。

为什么很多人兜了一大圈，结果还是没有购买，浪费了大量的时间？其实我们在做成交之前，你会让顾客反复地被你催眠时，也就是都是围绕这 3 个点。

三句话成交是什么意思呢？很简单：

我的产品能不能帮你改善你的问题？——能。

你要不要改善你的问题？——当然要。

如果你想要改善，那什么时候更好？——马上开始。

比如我们的产品，能够让别人变得更美丽。你做完产品介绍，讲了那么多话之后就应该做成交了。你说你觉得我们产品能够让你变得更加健康、更美丽，是不是？请问你要不要变得更加健康？当然要的。那你觉得什么时候开始变得健康，对你来说更加合适呢？是现在、立刻、马上，还是百年后？当然是现在！既然如此，那我们的合作机会就到了。接下来，您看是先来一套还是先拿 10 套？开始做引导成交。

比如想要创业的人来找你，那你就问他要不要赚钱？什么时候开始赚钱？是现在、立刻、马上？还是百年后？当然是现在！恭喜您，我们合作的机会到了！接下来就开始成交了。

如果客户在前 2 个问题的时候就拒绝了，那我们就要去找他的抗拒点。比如给他省钱，让他变美，解决他的痛点，以此来催促他下单。我们要对自己的产品卖点、优势多巩固，不断地以发问式来总结，举一反三。

反问询问法

我们跟客户沟通交流的时候，客户可能突然就不回话了。这时候我们就一定要去反问，引起客户的思考，带动他交流。要去引导客户，根据他的沟通，看他思考的是什么问题。

然后再提出一些问题，让客户来回答。通常情况下顾客是对产品感兴趣才来咨询的，他不回话有可能是因为产品还没清楚介绍，或者他没有钱、嫌太贵，或者不放心产品的质量，担心他付款了你不给他发货。我们要先问清楚客户的具体情况，再对症下药 。

比如：亲爱的，我刚才是有哪里没有解释清楚？还是亲在考虑什么原因呢？

您在担心产品不是正品吗？

还是担心付款后不发货？我等下拍我自己仓库的视频给您看下。

假设成交法

假设成交法就是我们帮客户直接做决定。

可能客户还没有想好，但你先帮他把决定做了。比如你去问客户考虑得怎么样了，可能客户还在纠结拿个总代还是省代。你就直接和他说："这样吧，你先拿个省代做。"这样客户就不会再犹豫这么多。

比如你要的合作对象，本来还没有打算订货。你找到他直接说："这个月要定些什么产品呢？"可能你的合作伙伴还没打算定，你帮他做决定，表示他要做成交了，这样已经在达成交易了。

如果你的产品，最后能够帮助客户解决所有的问题，他是不是能购买了？这就叫假设成交法。我们做成交过程中要不断地去做测试，有时候你和客户谈得差不多了，不好再紧逼问，就可以采用这样的方法。

告诉客户现在购买的优势，如果不马上成交就享受不到这个免费福利。"先生，您一定对我们产品很感兴趣，假设您现在购买就可以获得礼品。这是我们一个月才有的一次促销活动，现在很多人想买我们的产品。您不妨试一试我们的东西，现在入手非常实惠，买到就是赚到。这些礼品你自己去外面买还要另外出钱，有免费的何乐而不为？不要白不要。"

或者给他一种假设。

"这个价格我跟我们老板申请，假设老板同意的话，您要不要买？"

"一人退一步吧。我退 5 元钱，您进 5 元钱，这样可以吗？"

"假如您现在买的话，我送你个礼品。您会购买吗？"

"假如这个平台真的可以改变您的家庭现状，您要不要现在尝试一下？"

"假如这个产品真的可以改善您的问题，您要不要现在尝试一下？"

有的客户说需要咨询一下老公或者别人。这也可以用到假设成交法。

如果你说："不用找老公同意就能自己做决定的话，你会选择跟我购买产品吗？如果你需要找你老公做决定，你老公同意了，是不是就可以跟我购买了呢？请问你老公的电话多少或者微信多少，我能否找他沟通一下呢？"

假设成交，在客户抗拒成交过程中可以一直用。客户提什么你就帮他解决什么。假设他没有了抗拒点，他是否愿意购买呢？让他做个二选一的决定。

聊得差不多的时候，可以顺便问一下，这里总共是多少多少钱，是发你家里地址，还是发你公司地址？这里也是在做一个假设成交决定。直接说这个产品价钱，顺便问一下收货地址或付款方式，顾客回答就代表她愿意跟你购买了。

客户在面对这种情况，可能会有两种答案：一种就是直接认同下订单；第二种可能就会以另一种方式拒绝或者提出异议。

不管怎么说，我们都要站在客户的角度去给他讲。比如现在马上做决定购买有好处，去促进客户成单。

但假设成交，会让人感觉自己被操控，自己没有主动权，因为主动被别人做决定。

这种情况我们就要根据客户的情况具体分析，像老客户或者是比较随性的或者聊得来的客户就可以按这种方式。

让客户快速下单

怎么样让客户快速下单？

我们可以通过问句去引导客户，你要自己去掌控沟通的话题。

问句有这几种类型。我们要自己去设计问卷，掌握一套话术，就能运用自如了。

开放式问句

开放式问句针对随性的客户。

开放式问句技巧就是一个问题，多种答案。

你的兴趣是什么？

你平时有什么爱好？

你今天准备去哪里玩？

放假去哪里玩？

你平时开什么车去呀？

你什么时候有空？

……

这些都是开放式、发散式的问题。这样的问题可以选择性回答，也可以不回答，或者说答案可以多样性。

这样问有什么好处呢？我们和客人在聊天中就可以了解客户的信息。包括客户的喜好、兴趣、弱点。在谈话沟通中，避免问到客户不知情或者不方便的东西，这样才能给客户更好地沟通，才可以让彼此延伸更多的话题。

封闭式问句

封闭式问句就是一个问题，一种答案。可能别人说完了，这个话题就没办法继续了。

有的销售员像审判官一样。你去不去玩呀？你开不开车去呀？你有没有空呀？你来不来我家？你做不做这个项目？你有没有吃东西呀？你要不要投资呢？

客户听到这种问题不可以选择性的回答，只能回答是或者不是，这会让他觉得很压抑。

聊天时不会开放式聊天，而用封闭式聊天，和别人很难打开话题，所以很多人不回复你，因为他不想回答你的问题。

封闭式问句，什么时候能做呢？最好是在成交的阶段。

直接问句

比如我有一个好产品，如果它可以帮你解决你的问题，你要不要尝试一下？

如果我有一个好项目，可以帮你提升能力和财富，可以让你赚到钱，你要不要了解一下？

这样就是比较直接的问话。

直接法是我们猜测客户的心理后，直接发问的。

但我们自己也要有点儿把握或者幽默式发问。面对客户考虑一下的时候，你可以这么说："既然您已经看好产品，应该可以马上做决定了吧？您说考虑一下，不是要故意逃避我吧？"直接问到点子上。

动态定向问句

动态问句就是我们在问问题的时候，给客户一个拉出去，然后又把他拉回来的理由。

认同客户抗拒的观点，然后再给他诱点。

体育冠军都需要教练，所有厉害的大佬都有他们自己的圈子。站在巨人的肩膀上你也能成为下一个巨人，如果你羡慕他们，那你也要投资自己，找好教练。

"你不知道微商三年前是怎么走的，也不知道微商未来的发展方式是什么。人生遇到很多问题是难以琢磨的。但是你今天只要购买几瓶产品，就能够成为我团队的合作伙伴，我们就能够把团队里面三年、四年微商的成功经验，化做你成功的垫脚石，帮助你更加成功，请问是不是您想要的？"

他说："是的。"

"人生是有风险的对不对，要成功的话是要去尝试一下，你愿意尝试吗？"

上面这个案例，客户的抗拒点是犹豫要不要加入做微商，因为他害怕风险。我们首先认同了他的抗拒点，然后告诉他我们的团队已经成功了三四年，我们团队就是你想找的教练。你完全可以直接学习我们的经验，让你更快取得成功。

客户通过我们的朋友圈，了解我们的团队后，他会产生信任感。然后你再以自己的专业去跟他交流沟通就可以。

制造痛点

有的客户咨询了很久还是没有下单，聊天内容只剩"嗯""啊"这些语气词。说明你还是没有解决他的问题，塑造的产品价值和他的痛点不匹配。

挖掘客户的痛点和他背后的问题，他的隐患和担心也要找出来。

比如你是卖创业机会的，你去挖掘她痛点的时候可以这么说："永远不要依赖男人拿钱，看男人脸色，如果你还是没有自己独立的经济来源，那你就还是像怨妇一样每天抱怨。"

客户来问你产品的时候，你问："是你自己用还是你朋友用？"

客户回答："自己用。"

然后你就可以再问她有没有用过同类的产品，如果她说有，你就可以说我也用过。然后问她在用的过程有没有什么不满意。和她聊一下她的问题，这样子两个人就可以聊到一起。

比如她说用那个护肤品会造成皮肤过敏，脸上火辣辣的，痘痘反而没减少。

接下来我们要做的就是扩大她的痛点，把这个问题扩大化。

你可以这样说："这确实会让自己变得很不自信的，不自信的话生活质量就会下降，情绪也不好了，然后还会影响工作，影响家庭，影响孩子，这样持续下去，你的状态会越来越差，会导致整个过程都不快乐，会产生一系列的问题。"这样就戳重了她的痛点，把问题放大化。

再举一个例子：

小孩子生病了，大人带他去看医生，医生给他开了个药方，小孩子说不想吃，想让病顺其自然好。

这时候医生就会扩大痛点：你不吃药就可能会得支气管炎、肺炎，到时候要打针住院。但是如果你吃药了，病就很快好。然后再塑造这个药的价值：这个药不苦，见效快。

挖掘出痛点后，再去塑造产品价值，这两个一定要结合在一起。当你把产品价值塑造到位以后，基本上就会成交。

提供匹配的价值

你能够为她解决什么？

比如创业风口低，趋势好，风险小，没有损失，公司机制好，成功的案例，从质量、价格、服务、保障打消她的顾虑。

当客户有了痛点后就可以推荐我们的产品。

"这个产品可以让你变得更漂亮，孩子更加尊重你，老公更加爱你，你自己也跟着有信心，做什么都感觉心情好。"产品的卖点就是我们给客户提供的价值。

我们在销售的时候一定要自己多去提炼产品的卖点和优势，给客户画面感，要有图有真相，有案例，和讲故事一样。

客户一般都有爱面子的心理。如果品牌很有影响力，就可以满足自己的虚荣心。

所以你要给客户面子，不要说同行不好。你可以委婉地说："我有很多客户都是用大品牌，好几千的，现在对我们的产品是爱得不得了。她们一开始也担心便宜没好货，我送给她们，她们都不敢用。后来用了纯属是看我的面子，事实证明她们用了就爱上了这个产品。并且我们是把利益最大化让给客户，高性价比，既省钱效果还好。"

有些客户说没钱做代理。

"没钱就更应该去做不是吗？你有没有发现，一路走来，你靠自己是赚不到钱的。跟着团队一起做，团队人多的时候就会一起赚很多钱。

"加入团队要花钱，你说没有钱，可是学习重不重要？

"如果你缺少赚钱的能力，不去学习，自己能赚到钱吗？

"你来我们这里是提升自己赚钱的能力的。

"我们还要成为孩子的榜样，要给自己孩子一个更好的未来。如果自己不赚钱不去提升，那你就永远升级不了，也永远给不了孩子更美好的未来。如果你相信我的话，我们可以合作尝试一下。"

还有人说老公不同意。

"你老公不同意，你就不去做，那就失去了一个创业赚钱的机会。没有收入就没有话语权，会被婆婆嫌弃，时间久了老公压力大，你也会觉得不舒服。所以女人要独立，要自己出来工作。"

像上面这两个例子一样，给客户一个理由就可以。

还有一种情况是不需要任何理由的。

女孩子买东西，很多都是冲动买单。比如今天被老公骂了一句，碰到不开心的事，那她就会去买买买，放松自己，根本不需要任何理由。

当然有时候买单也是从众效应。

客户不需要这个产品，不想了解这个项目，你要怎么回答？

你可以这么说："这个项目刚开始的时候，我也觉得不需要。但我身边的朋友不断地帮我分享，都成了我的客户。所以你说不需要是因为你不了解，了解完之后你就会疯狂地爱上它。就好像别人推销你买保险，你也会觉得不需要。很多人很排斥保险，但是当你真正发生意外的时候，你就会非常的后悔，所以我们还是需要买保险。

"现在你能给我3分钟时间介绍一下吗？如果这个项目真的很好，你不就改变现状了吗？"

营造一个良好的沟通氛围

购物气氛一定要融洽。

消费者去买东西，可能会左选右选，看得眼花缭乱，整个人都变得很浮躁。

如果他在你这里买东西，肯定是希望买到合适东西，同时享受特殊的待遇。

销售员一定要掌握聊天的氛围。不要太僵硬，不然客户会觉得两个人距离感太强。适当幽默一点儿，他会觉得你这个人特别好说话，平易近人。那么他就可能会直接选择在你这里购买。

我们自己也要保持饱满的精神，不要你的客户来的时候，还是一副没睡醒的样子。这样给客户的感觉就是你很懒散，或者猜疑这个东西是不是不好卖，同时会让客户的心情也大打折扣。

售后回访

回馈献礼留客户

售后维护也非常重要，真正的销售在售后。

我们每个人都在网络上买过东西，在网络上买东西之后可能还收到小卡片。上面写着好评截图返现，这是店家为了信誉度做的售后回馈，同时也是为了提高下一次产品购买率。

大家都知道开发新客户所花的时间和精力是维护老客户所需时间、精力的几倍，甚至十几倍以上。谁都不想让自己的努力付诸东流，更何况老客户的评价是最好的广告，尤其是老客户转介绍客户，更容易发展新客户。

所以售后更应花心思增进与客户的关系，不要让客户以为你把他忘了。

虽说生意场上没有永远的朋友，只有永远的利益，但是人与人之间也需要感情的促进和交流，需要这些东西做润滑。

我们可以每月选一个时间或者每个季度搞一些小活动。客人买东西的时候可以尝试送给她一些合适的小礼物，或者给客人定制返利政策。不时地给他们意外的惊喜和实惠，这样就可以提高客户关系的黏性，也提高了他的忠诚度。

有个小伙伴在没有任何预告下给老客户做了一个回馈献礼的活动，并且回礼里面的每一张小卡片都是他自己亲手制作剪裁的，他的客户就觉得他非常暖心靠谱，纷纷在微信上面感谢他，并且说以后要多多光顾这里。

不管是以什么形式，加来的人都需要你的互动交流。如果你有更多的精力干这件事情，你的顾客自然就多了。如果你没有一天跟人有交流，只是天天发广告，那主动跟你做或者买产品的人就不会很多。

因为做生意讲的是信任度，别人信任你才会从你那里买产品。不是随便加一加人，别人就会跟你做。

只要有人就有营销

做营销面对的就是一个很大的范围市场，不是单个客户，不管你加的是什么人，只要是人就有营销的作用。

比如我们卖产品，在朋友圈搞活动。有很多男人看到活动觉得不错，就叫他老婆来参加。

比如我们写一篇好的关于产品的文章，那么有些朋友看到文章不错，就可能会分享到朋友圈。

这样你的广告信息就会被更多人看到。

这叫间接性的推广、间接性的营销，隔山打牛营销法。

所以大家在建立自己用户数据库的时候把量放在重点营销，靠用户的数据来营销。

当你把量提起来，再通过沟通、互动、活动、回馈，还怕没有客户吗？靠真心去换取客户的忠诚度，你还怕客户会流失吗？

把回访做漂亮

我们接待过的客户，都要做一个客户的购买登记，方便自己的售后跟踪回访。我们首次接触成交的客户概率都是不高的，很多客户都是拜访 5 次之后才成交的。我们偶尔也要主动联系客户，让她想起你。我们主动联系客户的时候，一定要找可以给客户实惠的说辞。

比如国庆节来了，平时没有活动，没有折扣，也没有赠品，这次不仅打折还送礼品。要有对比，有引诱点，有紧迫性。

你可以这么说："亲爱的 XX 您好，您之前在我这里咨询过××产品，我是护肤顾问，我知道您一直在关注我们品牌。现在我们有个定多少送什么的活动，特意来告诉您一下，您看要不要预定一套呢？"

如果这个客户一直在观望你的产品，他就会好奇地问是什么活动？所以我们要注意开场白，把客户的欲望引发了，希望就非常大了。

有时候我们会比较直接地说："您上次咨询我的××产品，亲考虑得怎么样呢？硬生生的话，勾不起客户的欲望，效果可能不是特别佳。"

所以我们要把回访做得漂亮。可以先设想一下场景，开场围绕"给到实惠"这样的原理会更好。我们先给予，后续才能谈成交。通过这样给予实惠的方式，可以拉近彼此的距离。

对已经买过的客户，要让客户觉得我们重视他，我们对他负责，他才好放心购买。

客户想要的是放心。

具体问题具体分析

如果是问题客户，先认可对方的问题，理解他的心情，缓解客户的情绪。因为人都是讲道理的，任何人在最气愤的时候，一般是听不进话的。可以先稳定客户的情绪，处理客户异议，促成签单。要让销售人员学会分析不同性格客户的购买心理和特点，然后对症下药。

售后有人觉得重要，有人觉得不重要。

打个比方，有客户用了产品，你隔几天就问问效果怎么样，有什么不懂的你可以来问我哦，这样他就会觉得你很有责任心，比较有安全感，你这个人是可以相信的。

同时有时候回访，刚好碰到客户对产品有问题或者正准备放弃使用的时候，如果解答得好，就能引起第 2 次回购。

但是面对销售回访，很多客户是不太情愿的，你可能会碰到以下几种情况：

我很忙，我没时间打理这些事情。

看了消息直接不回话。

上门拜访，客户很忙，没时间接待。

敷衍式。

遇到这种情况，首先我们要改变客户对回访的看法，不要让客户觉得反感，并且乐于配合。我们要将售后与情景联系起来，不能单刀直入，因为客户是没有义务去回复你的。

场景设计如下：

今天找您是有两件事情，一件是关于送福利的事情，还有一个需要您配合我们做下回访工作，我们先把回访工作处理完，再跟您说这个福利的活动好吗？

或者看您也特别喜欢旅游，哪天有机会一起去哪里看看，或者喜欢做饭，以后有机会来我们家乡吃饭，寒暄客气一下，然后顺便问下售后，XX产品最近用了吗，感觉怎么样？

类似这样以情景带人，轻松地引入售后环境中。

我们做回访客户的反馈是很重要的，可以搜集起来。

一来可以总结自己的专业知识，不好的地方能及时地给到客户解决方案。

还能加深公司对产品的改进，好的反馈可以拿来作为案例。作为下次谈单的借力使力，因为案例非常真实，说服力会更强。

同时我们销售做得好，能够更加深入了解客户需求，就能带来更多层次的成交。有时候你给客户解决了问题，刚好她又有其他需要的时候，就很容易产生回购，或者介绍别的朋友购买。

当然我们也不能太直接。

比如回访客户，客户说还可以，还满意，你就立马推荐，我们现在有活动买3送1，要不要续订呢？这样客户就感觉你是来赚她钱的，赚了一次又想赚一次，这样就会引起客户反感。客户本来觉得没有问题，引起反感后他就会说这个产品没有他原来使用的好，又小又贵，不想要了。

所以我们一定不要太直接，可以等联络感情后或者下次有更好的活动时再告知，不要都冲在一起了。

但是如果面对客户敷衍或者回绝，态度不好，也不要见怪，不要过多纠缠。无论你做什么行业，都有可能遇到这样的客户。

买卖不成仁义在，自己的心态一定要调整好。没有任何的拒绝也是不正常的，毕竟不是所有的客户都好说话。

微营销攻心销售

任何行业都是销售，不仅销售产品，还销售个人。而且销售的能力大于其他一切能力，覆盖的范围也非常广。

我们无时无刻不在销售和被销售。无论我们是销售产品还是个人，都要具有沟通解决问题、增加信任、增加感情、推销自己的能力。

我们所有的过程都只有一个目的，就是让对方产生行动，这个过程就叫销售。

这一章讲的都是与互联网销售相关的。现在是互联网时代，销售已不再局限于实体店。不管QQ、微信还是微博等社交工具，产生的互动粘贴，都离不开销售。

One

你的微信是否合格

1. 微信名称

微信昵称是自己的称呼。香吻、玫瑰等符号给人的感觉太耀眼，并且显得很不正式。

我们还发现很多人的昵称前面都会带 A，或者一长串 AAAA，这些人的想法是要排到别人的通讯录的最前面，以此引起别人的关注。但是如果你这样做，他也这样做，很多人这样做就容易引起人的反感。

带 A 开头的会让人第一感觉就是微商，或者打广告的，所以如果别人要清理好友，最先删除的就是最上面带 A 字母的好友。

还有有个性一点儿，比如昵称叫蓝色忧郁之类的比较消极的，感觉像非主流，不像真实的人，一般不建议起这样的名字。

那我们要怎么做好一点儿呢？如果你是刚起步的微商，建议起一个简单易记的昵称，或者有个性但辨识度高的也可以。

比如我之前的昵称叫奋青李，别人加了我就马上有话题聊了。别人就说听了你的名字感觉你特别励志。

昵称带有话题性也让陌生人之间产生互动。

一般起昵称正式一点儿的，就直接用自己的名字。

还有一种就是自己的头衔或者自己的业务宣传。

起昵称不要太商业化，但可以选好听点、好记一点儿的。名字中最好不要有代购、代理，或者你的产品名。因为这样的昵称别人一看就觉得你是打广告的，企图赚别人钱的人。

一般人都是对广告排斥的，如果你的昵称带广告，突然去加他，他就不会通过你的好友请求。

除非你已经做得很有影响力了，自带吸粉能力，那么随便你怎么写都可以。

为方便快速地找到当地同城人群，你也可以把电话号码打上去，方便联系。

微信昵称是一个载体，比如广告载体。如果你想利用昵称做营销也是可以的，比如"怕上火喝王老吉""特步，非一般的感觉"。像这样的代号就非常容易记。想要跟自己的行业相关，你可以在起昵称的时候带特色的营销词。

总的来说，昵称就是我们与别人建立信任的载体，也是做好营销的基础。

名字和头像就是我们做微商的品牌和商标。

2. 头像门面

微商是做以人为本的生意。

头像给人的第一感觉很重要，就好比我今天跟你见面了，你的五官给人留下的印象是最深的。

我个人不是很认同把产品名称放在个人昵称、头像、签名上去。头像就放最真实的自己，如果你觉得自己不上镜，可以美颜，现在各种各样的美颜相机都有。或者可以放背影、侧脸出镜，保持神秘感，只要是你本人就可以了。

这样就不会让别人觉得和你聊天的时候，对着一堆毫无生气的产品，让人没有足够的信赖感。如果没有感情，别人怎么去信任你、接受你呢?

营销的根本，就是从人出发，先把自己卖出去。所以一些人的头像是花花草草，都看不到他的本人，这样是很难让客户产生足够信任的，因为别人怕打款的不是他本人，所以头像也是建立信任感的基础。

同时，一家实体店的门面也非常重要,决定这个店的进店量。如果一家店高端大气上档次，另外一家就是简单的门头，他们卖同样的产品，同样的价格，相信你会选择高端大气上档次的店购买产品。

一样的道理，我们的头像就是我们微商店铺的门面。选择高大上的头像，给人一种美的感觉，会更加容易拉近与别人沟通的距离。

3. 个性签名

个性签名也一样。我们刚开始开拓市场的时候注意不要放广告。比如说招代理或者自己产品相关的，个性签名尽量体现个人的东西。

我们的头像和名称就是我们的外表，个性签名的就是我们内心的窗口。因此个性签名可以放一点儿自己认为励志的话，或者是自己认为比较有特色的宣传语。

4. 相册封面

相册封面就是我们的个人形象，也是我们的橱窗推荐口。它相当于一个展现台，有的人会选择放自己的产品或支付信息、个人荣誉、头衔等。

不管是什么，一定要体现与你本人或者你的产品定位相符合的东西。

5. 易记的微信号

如果你是用手机注册的可以直接用手机做微信号，也可以绑定 QQ 注册作为微信号。自动生成微信之后，每个微信号可以修改一次，一定要选一个容易记的。如果实在不方便就留 QQ 号的全数字也可以。

现在微信是联系的主要方式，所以宣传起来要用比较好记的。

6. 客户在哪里

你的目标客户都是谁？

他们在哪里？

他们的痛点、需求点是什么？

他们加你的理由？

要从海量的大鱼塘里，把客源引进自己的鱼塘。然后再将鱼塘建大，让鱼上钩。这是在一系列的环节后，选自己的鱼到鱼塘里。

鱼塘理论，自己的客户形成一条条游动的鱼，客户为什么要上钩，就是客户为什么要购买你的产品，这就是鱼塘。

引流也分精准流量和广泛流量。流量就是我们要尽量去吸引精准粉丝。客源就是我们的粉丝量，巧借社交工具实施营销。

其实实现互联网查找粉丝的方法很多，在这里介绍几种加人方法。

做微商要养成这样的思维，不管在哪里，走到哪里，做什么都加上你的二维码、微信号，这样未来你就不愁没有粉丝。

生活中"附近的人"

微信有个功能是附近的人，你可以走到哪里就加到哪里。不管男的、女的都可以加起来，哪怕你只卖女性产品。如果你的男客户身边的女性朋友有问题需求的话，就有可能默默关注，介绍给她们使用。

吸粉要有耐心，因为这是一个长期积累的过程，找到适合自己的方法去做精，总有一招要玩到极致。

有这样一个案例：

有一位女孩子是卖水果的，她仅仅通过"附近的人"就做到月赚 1 万元。

她是怎么做的呢？

她家附近有好几个比较大型的小区，于是，她打印了很多二维码广告，贴在小区门口或塞在小区业主门缝里。二维码下面有一句话"微信扫一扫，加好友，买水果送货上门，再送苹果一个"。

看到的人很好奇，心想反正就是关注一下而已，还能送一个苹果。于是有些人就掏出手机扫描二维码，并加她为好友，这其中大部分的人都会形成购买，对不？

水果是天然的重复消费品，基本每家都有需求，吃完又要买。反正在哪都是买，在她微信上买，不仅可以送货上门，还可以多送一个苹果，何乐而不为呢？

就这样，她加到的客户都很精准。并且，她离客户很近，同时提供送货上门服务，如果客户对产品不满意，随时可以不要，信任度就很容易建立起来。

她很快积累了一批老客户。

所以利用"附近的人"这个功能也能做出市场。

通讯录导入法

通讯录导入法有 3 种。

第一种就是自己原有手机号码的联系人。现在是智能手机的时代，60% 的人都使用手机号码注册微信号。我们只需要找到手机号码，就能判断他是否开通了微信，只要开通了微信的，都可以识别，这样就可以快速加到你的微信上面来。

第二种我们可以用导入法。用 QQ 同步助手可以生成很多号码，做成文档导入，你想要多少就可以加多少。这个方法是永无止境的，但是你去加的时候，需要等待别人通过，总有一些人会通过的。

还有一种就是自己去购买一些电话号码、添加粉丝。

QQ 群和 QQ 兴趣部落精准引流法

QQ 群引流

我们可以在 QQ 那里查找一些群。可以搜个人，也可以搜群，就会有很多类别的群，你要分析自己是要找哪一类的。如果你想招创业的，那么就可以找宝妈群、兼职群等，这些群的创业概率比较高。如果你是卖护肤品、卖产品的，你可以加入女性化妆品群，这样的客户会比较精准。

当然我们也可以分地区查找。比如你想发展本地的市场，可以输入本地的一个区域去查找吸粉。

我们每个人的 QQ 号，有时候都会绑定 QQ 通讯录，还有很多亲戚朋友都是绑定在一起的。你可以把自己的解绑，然后绑定自己家人还有亲戚朋友的一些 QQ 号，就可以加他们的朋友，轻松利用他们的资源。

QQ 兴趣部落引流

手机登录 QQ，会有个兴趣部落。

大家看到了吗？每个部落每天的话题都有几千上万。我们点击自拍进去：

每个帖子的阅读量都是几百几千，而且这个是按照发帖的先后排名的。

比如这个帖子，才 18 分钟，点赞 77 人。

我们自己测试过，一个小时一个帖子加粉 200 人。很简单的事情，那么多部落，发帖吸粉就可以了。

你肯定会问，删帖子怎么办？没事，部落只需要太阳 QQ 就可以发帖，一个太阳号的 QQ 也就两块钱，直接买几百个，随便用，一天发几十几百的贴，一天加粉几千难吗？

利用 QQ 群排名进行精准引流：

通过做 QQ 群排名吸引更多精准粉丝。QQ 群排名就和百度 SEO 一样，只要把关键词的排名做上去，等粉丝来加群就行了。

做 QQ 群排名的好处是，吸引来的就是精准粉丝，而且操作起来比百度简单得多。

做 QQ 群排名的主要优势有：

搜索进来的基本都是精准用户（有可能也有同行过来挖人）。一般搜索这个关键词进来的都是听说可以赚钱的，想找渠道学习的用户，这类用户非常好转化。

粉丝可以根据自己的需要进行选择，你也可以根据你自己做的行业或者产品用户挑选群关键词来做排名。

比如做减肥产品的做减肥瘦身的群排名，做护肤类的可以以美容相关的关键词做群排名。

积累数据库，根据你的粉丝人群直接做跟他们相关的兴趣群，培养粉丝对你的忠诚度。

接下来我们来讲一下 QQ 群排名的玩法。

1. 选择群名称关键词

群名字关键词的选择直接影响到你要吸引什么样的粉丝。

例如你是做减肥产品的，你的粉丝群体都是减肥用户，所以你就要围绕减肥这个关键词来扩充群名称。这样搜索到你群的基本上都是跟减肥相关的人群了。

所以名称一定要设置好。

这里要注意，如果你要做热门词的话，尽量多做点儿长尾词。XXX 减肥，或者减肥 XXXX 之类的。这样别人在搜索长关键词的时候你的排名会更加的匹配。

2. 判断关键词热度

把你选择的关键词放在群搜索里面去找找看，就例如咱们搜索"减肥"和"微商加粉"。

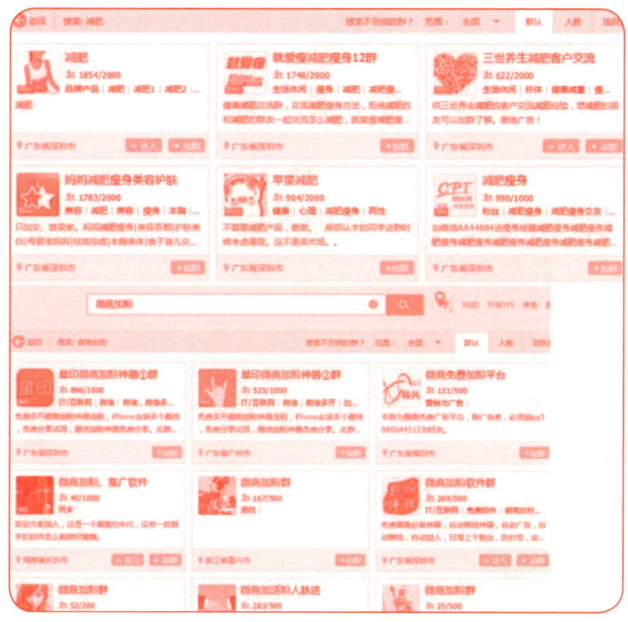

热门关键词需要 2000 人群才能把群排名做上去。而有些关键词的群，只要 500 人群规格就能把排名做上去。

所以可以根据搜索出来的情况再来决定要用什么规格的群来跟别人竞争排名。

只要你 QQ 的等级是太阳号就可以建群了。如果你要建立 1000 人的群则需要开通会员，要建立 2000 人的群要开通超级 VIP 并且会员等级达到 6 级。超级 VIP 一年的费用是 240 元。

设置群：

A. 群名称要包含关键词。

B. 群介绍，也是一样的，要加上关键词，同时也可以加上自己的微信、QQ，这样是很容易吸引别人加你的。

C. 群标签设置里面也包含了关键词。

以及相关这样就可以啦！

D. 千万要确保你的群资料完整度是 100%，这样才能促使群排名提前。这些只是群的简单设置，接下来就是一些排名上的技术了！

群成员人数：

为什么要加群人数呢？群排名的规则就是你群规格大、群人数够多，那排名就靠前。所以你要把你的群人数做上去，这样排在前面的可能性就大很多！

关于如何添加群人数，万能的某宝能帮你，某宝上搜索"QQ群"，就会显示很多做加死粉的商家了，你只要购买大概一半的"永久离线"，一半"手机在线"的人群就可以啦，这样的成本是最便宜的。

热度一般的关键词，只要群名称细节设置好，群人数上去了，快的话当天，慢的话，第二天排名就上去了！

这个就是群的排名技巧！

群活跃度：

对于热度比较高的关键词，比如减肥、护肤有时候前面好几个 2000 人群，自己的排名比较低，那怎么办？

这个时候就涉及群等级和活跃度了，同等规格的群，在人数差不多的情况下，活跃度越高，排名越高！

关于群等级和群的活跃度还是去找某宝搜索"QQ 群活跃度"，热门关键词大概坚持半个月就能排在前面了，基本上每天都会有人来加群。

在审核群申请的时候要注意了。只要保持你的排名，粉丝人基本上源源不断地会来，活人多了你就开始清理僵尸粉，然后维护好你的粉丝就行了。

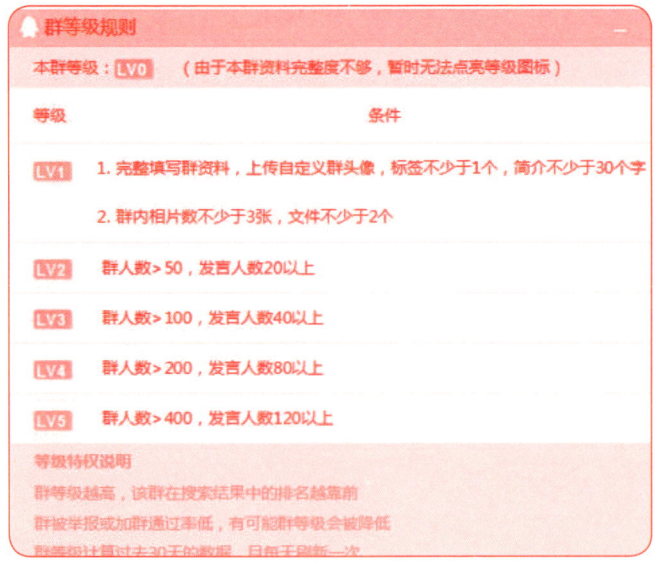

当你的群里的粉丝多起来的时候，你就可以去和别人互换群成员了。

互推思维

（1）先把自己打造成一个厉害的人。

（2）找同级别的人或者大 V 帮你互推，前提是你的自身粉丝建立一定的基础数量。

比如：推荐我的好朋友林林，来自湖南长沙的美女，她有全国最大的产融电商平台和渠道，可对接各类产品资源，快速去库存，孵化中小企业，有兴趣的扫码加她，备注 ×× 推荐可通过，谢谢！

图片配上二维码，这样就会有一批粉丝加。

论坛贴吧植入微信号、链接引流法

有些论坛的人流量特别高，你可以适当地植入自己的微信号，但不可以把微信号写得太明显。

一般微信都要用类似 Vxin 这样的代名词。因为很多地方会自动识别广告，看到微信会自动屏蔽。

当然你可以多跟别人互动。自己发帖，发起一些比较热门的话题，然后把个人流量顶上去。同时去完善自己的基础资料信息，方便别人联系你。

论坛贴吧的流量都非常高，同时又有强大的用户粘黏性。利用这些引流工具，时间允许的话，最好是先养号。新号一注册，打广告嫌疑会更大。

我们可以准备几个小号，主要用于活跃，但与主账号配合不能太假。在发帖前要分析这个小组发帖的特点与基本语言的情况，题目要引人注目，然后撰写一个关于小组话题的相关帖子。

如果光微信不好推，就在回帖中植入微信号（微信公众号），或是我们引流的网址链接。

这个方法会更直观地留下自己的微信号，从而吸引精准流量。

那如何操作呢？我们以贴吧为例。

（1）手机下载百度贴吧。打开后随便搜索比如"微商"，会出来关于微商的贴吧。进入贴吧必须去关注、签到。

（2）这样发帖或评论被删帖的概率就会小很多。我们随便打开一个帖子，看看别人怎么发的。将敏感词（货源、微信等）用同音字或拼音代替。

（3）贴吧发帖，可点下图右上角的小方框。

（4）内容可以借力，稍作修改，换成近义词。同一个时间段内不要发太多，注意敏感词。微信号水印在图片上。一个账号不要发超过三个帖子。

（5）还有像西祠胡同、豆瓣、知乎都可以发帖。豆瓣和天涯敏感词封号特别厉害，一定注意。知乎对敏感词限制不是很大，比较容易发帖成功。

（6）手机发帖需要换IP地址，以防止帖子被删除。

如何换IP。小技巧：用数据流量发帖，然后打开飞行模式几秒钟，就可以了。

微信群加人法

当你的好友数有一定基数，而且平时和朋友圈的互动有一定价值的时候，就会有人把你拉进一些行业群。

或者你自建一些行业群也可以。

进群之后先发言，和大家混个脸熟，然后添加群里群友。很多人都要验证的，你需要给人家一个理由，如"电商交流""微商交流""我是某某群里的""关注你很久了"……

否则，人家无缘无故不见得会添加你。一般一个群里30%～50%的人添加你问题是不大的。

微商巧借社交工具引流的方法非常多，只要对人性进行解码，以用户为中心进行情感交流，经常组织互动活动，以专家的身份发表意见评论，引流吸粉就是件非常容易的事情。

微博、博客、百度推广

微博是开放式的，你发的信息所有人都可以看到。不仅如此，它还可以被搜索到。

你可以在百度上搜索到你的微博，你的昵称最好设置成你的网名，这样就很容易和百度关联起来；你的头像最好就是你本人的照片，这样别人就能很直观地认识你；这样就巧妙地做到了引流。

如果你是学生，那你就找学校的团体组织；如果你是自由职业者，那你就去找百度或者淘宝，相信你会找到答案。

认证的内容最好和你从事的工作有关联，这样更有说服力，也更能让粉丝感觉你就是这方面的专家。

软文要有发表的地方。一个是发到论坛、文章站，一个是发到博客里。发到博客里有个好处是这些第三方博客权重高，容易被百度收录，排名靠前。

想要微商上自己的粉丝多，那就需要自己每天多关注粉丝，自己的微博也会跟着快速涨粉。关注的粉丝一周内不能取消关注，一周后再取消！每小时只能关注一次！

这个是我认为的引流的非常好一个渠道，每天要去操作，一定要好好利用起来。

如果说你觉得粉丝还是涨得不够满足你，那你也可以推荐自己的微博或者推荐某一篇热门一点儿的文章来快速涨粉，只是这个是要花点儿小钱的，但是带来的效果也是非同凡响的。

可以找到粉丝头条里，有不同的推广价格，推广的时间和人群也不一样。这样你的微博阅读量提高，敏感词少，微博的权重就会加强很多，吸引来的粉丝就都是活粉。

你可以追踪观察，他们关注你后不会取消关注，上首页就是为了让更多的粉丝来关注你。

微博会员也可以开通，你可以置顶一条说说。让别人进来就知道你是做什么的，也是一个好的推荐自己的方式。

大家一定要记住，关注一周后才能取消关注。取消后，再每天关注，重在坚持和积累。微博粉丝才会快速涨起来。

粉丝涨起来后就该到你的产品上场了，怎么发微博能吸引你的粉丝主动问你，大家可以自己钻研一下，我的很多客户来自微博。

微博要好好打造，就如打造微信一样，这些产品关键词都是使用新浪博客做到百度首页去的！百度相对其他的引流渠道，会更加的精准。

在百度上搜索某一个产品的人，都是对这个产品有需求的，如果我们能把自己的产品做到百度首页，就可以获取大量的精准客户！

第一步：申请新浪博客的账号，没有的话某宝上有。

百度搜索；新浪博客，进入新浪博客以后，点击注册。

如果你有新浪博客，新浪微博的账号可以直接点击登陆。

注册成功以后登陆，点击我的头像——我的博客。

昵称可以使用自己在做的产品品牌名称。

然后开始设置个人信息。这些关键词的设置是给搜索引擎看的，会更有利于百度的排名。接下来就可以写博客了。

标题里面一定要出现品牌关键词，博客正文里至少5次出现产品关键词并且把品牌关键词加粗。

注意：和标题相同的关键词文字在内容里一定要加粗，这个是搜索引擎重点抓取的。

在编辑内容的图标位置可以点击加入产品的图片。把关键词加粗，并使用标题2，有利于搜索引擎优化。

给博客文字加入链接，选中需要加入链接的文字，弹出窗口，选择"链接"的图标。加入的链接可以是自己网站的，也可以是自己其他新建的没有被百度收录博文链接。

我们也可以在以前被百度收录的博文里加入没有被收录的博客链接，来加快新建博客的收录速度。

鼠标移动到文字的时候，浏览器下方会出现你加入的链接地址。

博文填写完成以后，添加博客标签就可以发布了。

在已经发布了的博客文章下方能看到评论。我们可以自己给自己评论，评论内容加入自己推广的产品关键词。

借助快递员

大家可以印一些宣传的单子，上面写着自己的微信号。和当地的快递商量一下，比如在他们经常送货和收货的地方帮你发一下。

实在不行的话就送他们一些产品给他们的女朋友、老婆用，和他们搞好关系，让他们帮你发一些宣传单。因为快递员每天收货、送货，每天都会接触不同的人群。这些人都是非常喜欢购物的。

你可以让快递员在他们送货的时候顺便给客户拿一张你的名片，让他们加你的微信号，这样你就可以清楚地加到这部分人。

这种方法也适合地区代理，这个片区就是你的市场！跟快递搞好关系，那这个市场就很庞大。

我们代理这么做，零售量肯定能上去，再加上网上的方法，卖点儿货还难吗？

妈妈圈的 APP

手机可以下载一个妈妈圈软件，电脑版的也有。

去人气最旺的论坛打广告。一定要在妈妈圈人气最高的时候发帖，在这个时间段把你的帖顶到几百条以上，就会有很多人看到。

如果你发的这条信息具有吸引力，比如做活动：顶到 100 条的时候免费赠送面膜或者是顶到 200 条的时候送高级礼物！

如果有咨询你的人，就让他先加微信号，再回复。

借用名人

名人的威力是最大的，有的时候他们帮你推荐一下，可能比你忙碌一个月的效果还要好。所以我们要想办法让名人帮我们宣传。

怎么样才能让名人帮我们做宣传呢？你可以专门写一些名人的事迹，在文章里面尽量多写一些他的好，他如何神威之类的。

记得在文章里面写下你的微信，写完之后投稿到各大网站。然后我们就想办法加他为好友，还要分享到他的朋友圈。

人都是好面子的，当他看见你这样写他的时候，他是非常有可能把你的文章推荐到自己的圈子和他的博客里面的。要是他帮你推荐，那你就发达了。

我们尽量找一些做博客方面的名人，因为他们都有发博客的习惯。

名人推荐和自己推荐的效果是不同的，说不定你也变得有名了。反正多写几个，这个不行就再找别人。

利用媒体

通过各大媒体帮我们传播，效果是非常好的。

我之前在其他网站发布了几篇文章，给我带来了 1000 多名高质量的粉丝。这些文章都是高质量的文章，很多朋友看见我分享的方法不错，自然就会加我微信、关注我了。

这些粉丝的质量是最高的，他们是仰慕你而来的。所以大家不妨也写一点儿文章去其他网站发布。发布要选好的平台，反正最多人去的地方你就去，准没有错。

而且在文章的多个地方加你的微信号，避免人家转载改成自己的。如果你把微信号加在文章里面的话，一般很少有人删。很多转载的人基本不会细看你文章里面有没有广告。

如果你自己不会写的话，也可以到国外的网站找一些比较出色的文章来投稿。只要你的文章好，一般人家是会帮你发布的。但是千万不要找随处可见，百度已经收烂的文章。

参加各种线下活动、各种聚会等

加陌生人为微信好友

利用碎片时间，吃饭、聚会、集体活动时，号召大家一起玩"摇一摇"的游戏，或者在碎片时间里组织些回复性强的软文，扔漂流瓶。

开通一个公众平台

发一些高质量、转发性强的软文，结尾处附上你的微信号或二维码，进行助推。

首先，是我们的产品定位。前面说了，你做什么产品，就去引什么样的流量。做面膜，引女性粉丝。

我们引来流量后，就要对产品进行品牌定位。

推荐别人加好友：

看看这条朋友圈：

人家平时卖东西占用了你们的朋友圈位置，今天来交租子了！放个大招：赠品免费送：

（1）参与方式：推荐5名女性朋友加微信：XXXX，即可免费获得一个（产品卖点写一下）。

（2）支付9.9元邮费，活动日期：XXX—XXX。

（3）推荐好友验证信息需备注：XX推荐。

快邀请好友一起来参加吧，你值得拥有。

这是邀请朋友圈的人推荐新用户加好友送赠品的模板。

或者可以直接写某某产品免费送，只需要自理邮费19.9元。

前期是需要把产品的价值和特点都宣传出来，让别人觉得值得，或者很有兴趣购买。

利用热门小视频软件进行精准引流

现在很多小视频软件都非常好：抖音小视频、快手、火山小视频等，先自己注册一个号。

1. 注册

注册好了之后，首先个人设置页面，编辑个人资料。选一个好一点儿的头像，也是在加强信任，让别人对你有一个初步的了解。

2．编辑资料

首先是名字：名字根据你的素材来定，如果是以人物为主的，你就起个比较个性化一点儿的网名。

接下来就是性别与头像，根据你想要做的素材来选择。另外美女头像容易吸引男粉，小鲜肉头像容易吸引女粉。

编辑好了之后点击一下左上角退出，然后就到了信息栏，点击一下中间这里，填写个人信息。

3．个人简介

个人简介可以写得格调高一点儿，也可以写得真实、接地气一点儿。写上主要性格和联系方式。

很多小视频都有板块划分，比如关注的、推荐的、发现、同城。

同城板块：

属于区域性引流。在人群密集的区域发布作品，有利于作品展示的时候有更多的流量点击进入播放。

同城的播放与喜欢点赞不像发现板块那么高，于是又出现了点赞的玩法。

APP 官方推荐视频板块：

在这个板块中，一般推荐给你的是当日或者本周浏览量最高、双击点赞加心最多的原创作品。

偶尔也会随机推荐其他最新创作的作品给你，但是一般情况下都是双击点赞加心最多的作品排在这个板块。

如果你的作品上了发现板块，内容还 OK 的话，那么将会带来大量的流量与粉丝。

点击首页左上角的菜单栏目，第二项的添加好友会随机推荐你感兴趣的用户给你。

随机推送出来很多好友，可以选择关注他们，把他们都添加成你的好友。

当你关注的好友数量很多的时候，你每次发表创作 @ 你所关注的好友，你的好友的消息上都会显示一条有人关注他的动态。

一般人极有可能会点开这条消息，点开了这条消息之后，就等于在你这边增加了一条浏览量，数百个关注，有可能会产生数百个浏览量。

4．如何做素材

素材的选择，要围绕你需要吸引的粉丝为出发点，贵在原创。

容易吸引男性粉丝内容如下：

女神舞蹈视频（社会摇、鬼舞步等）；美女自拍撒娇卖萌。

游戏类型视频：

技能型（玩打火机、教你变魔术），情绪化的共鸣；搞笑段子。

吸引女性粉丝推荐内容如下：

情感类型（爱媳妇守则、感人的故事图文播放）；萌宝、宠物（猫、狗）；技能型（10秒教会如何扎辫子、花式转笔、设计签名教程）。

搞笑段子：

之前遇到过一种比较新颖的加粉丝方法。

主播直接录一段在仓库打包的视频，说送礼品给广大粉丝，要粉丝关注并且私信地址。然后送出去的都是货到付款的，很多人就不愿意退回去了。

过了几天该作品下面骂声不断，但是她的粉丝已经有3万多了。她就直接把前面几天做活动拍的作品给删掉，开始录一些正常内容的作品，这样来赢得粉丝。

做素材主要有两种类型让你选择。

第一种：录图片集锦

通过相册图片与文字、音乐合成的视频作品，点右上角的相机图标，然后选择左下角的相机图标，进入你的手机相册，你必须在里面选择一张以上最多 7 张图片进行编辑、合成视频。

图片可以添加场景、相框，然后可以添加一段音乐进去（根据你做的素材不同，添加的音乐曲风也不同，个人感觉音乐是粉丝给你点赞的重要因素之一。网络流行、小清新、悲伤乐风比较受欢迎）。

另外：高级编辑，可以在每张图片上添加文字和饰品，如果是做比较欢乐的题材，可以在前几张图的文字编辑上加上"喜欢请双击，或者是觉得我丑请双击"等诱导别人双击的文字。

双击相当于别人给你点赞，提高你作品的关注度。

故事性题材的作品也挺受欢迎，一张图片上面加上一段文字来切换场景。

编辑完毕以后分享这篇原创，@ 所有好友一遍，发布作品之后，好友收到信息提醒，就有可能会点开观看一遍你的创作，增加你作品的浏览量（这也是关注其他好友的作用）。

第二种：录视频

很多软件要求是在本软件做的原创才能上热门，或者是视频达到多少秒才可以。

所以你要看清软件的游戏规则。

如何快速进入快手热门排行榜？

热门排行没有一个准确的说法会如何上，但是一般发布了作品之后，点一下第二个格子（或者双击视频）是点赞加心。心的数量越多，上热门的概率就越高。

喜马拉雅 FM、荔枝 FM 等音频分享平台。

在喜马拉雅 FM 和荔枝 FM 等音频分享平台上，每个人都可以是主播，就好比微商平台，人人都可以创业，所以这个平台也非常好。

你不但可以学习、吸粉，同时还可以不断地锻炼自己，包括口语表达能力。

这里汇聚了各种各样的干货，小说、笑话、学习等应有尽有，都是大家喜欢的类型。

如果我们要去吸粉，就要创造自己的吸引点。

比如你声音好听，或者你讲的干货非常实用。只要每天坚持，就会慢慢积累一些粉丝。如果有粉丝对你非常崇拜，或者认可你的东西，他就会想去主动加你。

你为他们提供了价值，就容易收获粉丝。

随便点开一本小说的主播人，可以看到粉丝高达十几万，他在个人简介里填写了自己的粉丝群。

在宣传的时候尽量不要带太多的广告形式。任何平台前期都需要维护，需要慢慢养，希望以提供价值为主，不喜欢都是广告，这样平台就没有办法发展和维护好。

平台也很好，但主要是好多人思维打不开，不会利用个人能力。我这里说的是自己的大概思路，同时也有自己亲自尝试摸索的经验。

我还没有深入挖掘，任何东西都是相通的，只要坚持一定量的积累，就会达到质的改变。照着这个方向去执行就对了。

希望大家可以分别在不同的平台中去表现自己，也许你会收获更完美的自己。并且你还可以试试其他的 FM，这些都是可以研究的。

有人的地方就有流量，重要的是执行、执行再执行。转化粉丝需要过程，你每天抽出一个半到两个小时去执行，效果一定让你意想不到。

如何利用豆瓣引流

豆瓣权重非常高，特别适合精准引流。

注册账号之后取个好听的女性名字，利于后期的评论引流。

如果担心竞争太大，可以把定位范围放大一点儿。你可以定范围：那就是女人。

只要是女人就一定有护肤需求。比如洗面奶、爽肤水、面霜，这些都是最基本的东西。

我们的产品几乎覆盖了护肤的全部需求，有洗面奶、爽肤水、面霜、面膜等。

点击"加入小组"，有的直接可以加入，有的需要审核，尽量挑选女性成员多的小组，这样效果会更加好。

随便点开来到一个小组的话题交流区，在这里你可以发帖子，也可以回复别人的帖子。

你可以撰写一篇软文，软文一定要用标题党策略，让别人第一眼看到这个标题就很想点击进去看看内容。

发完之后就注册一些小号来顶帖。如果是利用评论引流，一定要简洁攻心，一两句话就直接吸引别人对你产生兴趣，或者直接引导别人、暗示别人去查看你的资料。

凡事贵在坚持。假如评论1个帖子需要花1分钟，那么你花1个小时就可以评论60个帖子。假如1个帖子可以带来1个流量，那么你1个小时就可以带来60个流量。

我们的产品那么有特色，客户又是意向客户，1个小时成交两三单不成问题吧？再也不是问题。

百度文库进行精准引流

1. 确定你的产品是否有文库需求

最简单粗暴的办法，就是搜索你产品的主关键词，看看搜索结果页内排名前几页是否有文库的排名。

比如搜索微商，看看下拉框和相关搜索，是否有微商怎么做、微商怎么找代理、微商操作步骤等关键词。

如果有，就说明有文库下载需求。

搜索微商出现的结果，看红色的框，都在这里预埋了文案。

我们打开其中一篇，里面的浏览量 2197，下载 172。

当然很多人也做过文库，但是经常无法通过，到底应该如何做才能让自己的文库通过率高，并且带来流量呢？

我这里有一整套成型的思路，在此和大家分享：

2. 百度文库上传技巧

文库标题：

你的文库标题一定要完整，且不能带有嫌疑。

不能在标题中带上"某某在哪里买比较好""某某的价格多少钱"这类疑问词，必须是语句通顺的标题，标题长度最长为 20 个字。

也不要尝试在标题中添加你的文案和联系方式，哪怕你侥幸提交成功了，百度也可能随时改变规则，把你的文库变为私有文章，那么我们的努力也就白费了。

文库内容：

上传的文库 2~3 页即可，最重要的是排版。你的内容可以不好，但是排版一定要正式，不能带有大量空白、乱码、字体不协调。

如果你使用的是 Word 文档，那么最好是让全文的字体和格式都统一，最多出现 3 种字体大小和 3 种字体颜色。

你可以去其他平台寻找文章直接复制作为自己的文章上传，但是千万不要直接去百度百科、百度知道、百度贴吧复制文章。

文档简介、分类、关键词等设置：

在上传的时候，这些统统不填，设置好标题之后直接提交。

只要你的文档符合以上条件，都可以大胆地上传，通过率可以达到 90%，亲测有效。

3．如何从文库引流

文档上传，最重要的还是能引流到自己这里，那么我们如何做呢？

如果我们直接硬性地在文库中发硬广引流文案，那么肯定行不通的。这样做，不但通过率低，而且用户一般都不会买账。

但是我们可以使用推荐的方法。

利用酷狗音乐巧妙地精准引流

无论你是怀旧音乐的狂热分子，还是喜欢盛行音乐的"保守分子"，酷狗音乐这四个字，我想朋友们都不会陌生吧。

酷狗音乐一直陪伴着我们。

翻开酷狗的电台，我们会发现热门电台的收听人数都会有十几万，这人数可是深深地震撼了我的小心灵。

人数多，这意味着什么呢？

古龙曾说："人在江湖，身不由己。"换句话说，有人的地方就有江湖，有人的地方就会发生流量，有了流量我们还愁引流么？

随意点击播放一首本人喜欢的歌曲，然后再点击歌词。

再按下留言这个页面，评论就全部出来了。

所播放歌曲《可惜不是你》的一切评论都显现出来了，假如你跟他们一样都是音乐喜好者，是梁静茹的忠实粉丝，这时你就可以写评论，与他们留言互动。

假如他们肯定你的想法，这时你就趁机留下你的大众号或联络方式，引他们关注。

这就是用酷狗音乐精准引流的方法。

其实，归根究底，酷狗引流与简书、贴吧并无太大区别，只要掌握了方法，就能轻松引流。但即使这样，你也取得了一个波动的引流平台。这就是用酷狗音乐精准引流的方法。

利用闲鱼快速找到你的精准粉丝

（1）下载闲鱼 APP，闲鱼是淘宝官方的二手买卖平台。

（2）点击左下角的"鱼塘"，你会发现，软件会自动显示你附近的鱼塘。也这就是我们常说的圈子。往往是一群有共同兴趣爱好的人集结在一起。所以，这里引来的流量都是精准流量。

假如你想获取用户，那你就寻觅附近的学校，然后参加这个鱼塘或者在这个学校附近建一个"鱼塘"。

假如你要找到宝妈或女性用户就定位到小学幼儿园、美容院等中央。

我们找到人多、人气高的鱼塘后，点击参加。

那么应该怎样来操作引流呢？

进入对应的鱼塘后先不要着急去发布内容，先熟习下它的整个"构造"，看看是怎样发布信息的。

（3）留意发布工夫节点，一般普遍在早上 9~11 点，下午 3~5 点，晚上 8~10 点，流量最高。选择这几个时间工夫段比较好，看到的人会比较多。选鱼塘尽量选择关注人数比较多的！

首页的打折板块、新颖的板块、出租板块、同城板块都可以去尝试下。

当然你也可以自己建鱼塘。

鱼塘分兴味鱼塘和本地鱼塘两种

兴味鱼塘是刚守旧的，限量邀请的约请，很多人建不了，但是兴味鱼塘是全国性的，且都是有相同兴趣爱好的人集结在一起，精准度更高。这个鱼塘是你的，当然外面的鱼都归你管理。

你有很大权限，就像贴吧吧主一样，你跟鱼塘里的人互动也会更强。当你的用户到达很大的一个数量，还怕钓不到鱼吗？

这是一个十分精准的引流办法，目前此办法操作的人还不多，所以赶紧行动吧。

在你的周边多建几个本人的鱼塘，效果会超乎你想象。用好了，会让你的销量成倍增长！

利用辣妈帮 / 美柚等宝妈多的 APP 进行精准引流

这些 APP 上都是以年轻女性客户为主。女性流量非常多，也非常活跃，18 ～ 35 岁的宝妈，非常适合想吸女性粉丝的朋友们。

先注册，下面进入精准引流的前期准备工作。

一个号注册以后半个小时就可以正常发帖和回复了，所以你要提前准备好。

一个 1 级小号 30 分钟内只能发一个帖，回复别人的帖子的间隔时间是一分钟。

自己的帖子每次有人回复或者自己回复，就可以置顶上去。

尽量把资料完善，特别是头像。结合微信、微博打造就可以。

真实度对你的加粉速度有很大的影响，资料越完整越好。

开始找圈子，寻找鱼塘的时候了。

下面有个她她圈，这里有各种各样的板块，你可以根据自己的情况挑选。

每个人添加的圈子有限，圈子是根据活跃度来推荐的。

发布话题与鱼饵设置，广告性质太明显的会被处理掉的。比如发布联系方式，不管是微信还是 QQ，发布 3 次以上就会被举报，3 次以上就会被封号。

发硬广告的，比如产品广告，也是会被直接封号，所以发圈的时候要注意平台规则。

联系方式不能直接写上去，但是可以同音，比如微信写 V，QQ 写企鹅。

穿衣打扮、动手达人、宠物，有的宝妈喜欢分享宝贝的经验，这些都可以分享出来作为素材。

素材：越热门的话题越有吸引力，越具有争议的话题就容易上热门。可以用互动性和参与性比较强一点儿的素材，提高帖子的上榜率。

下面给大家分享一下在辣妈帮的引流方法：

完成前面准备工作以后就开始添加帮派了。

辣妈帮很多板块都比较活跃，这里我们选出几个板块。

情感天空辣妈帮、故事连载辣妈帮、时尚辣妈帮、二手闲置物品专区、两性健康辣妈帮。

情感天空辣妈帮的玩法：

情感天空板块，顾名思义就是辣妈们交流情感以及闲谈的地方。因为这个板块监管得比较严格。

像组团类的鱼饵也是很受欢迎的，辣妈们都喜欢扎堆，哪里人多往哪钻。

找个辣妈们感兴趣的点说自己想找姐妹们组团开群一起聊这些（防小三，聊老公、宝宝，或者地区群。找辣妈们感兴趣的点，又不要让她们反感，一般都会愿意加你的），然后私你以后再发文案给她们。

第三种方法就是发诉说生活的情感类故事，引起辣妈们的共鸣，吸引她们关注你，再把在故事中跟你有共鸣的人拉到一起交流来引流也可以。

这个板块更新速度很快，帖子顶上去很容易下来。使用这个板块时主要注意：

（1）文案最好以私聊的形式发出去。

（2）编辑帖子的时候，主题和内容还是以普通话题正常为主，慢慢引导过去。

（3）该板块大多数以情感诉说为主，内容如果是正能量，比较积极的就会有很多辣妈关注。

重点：故事连载辣妈帮

该板块主要以连载帖子为主。你也可以尝试一下这种方式。

正常就是更帖子了，吊起读者的胃口后停更一段时间等她们联系你。素材可以自己写，也可以找人代写，还可以去网上找言情类的小说。

素材建议去百度贴吧的直播吧或者天涯、豆瓣里面找比较热门原创的故事直播比较好，因为故事越真实，吸引粉丝读下去的可能性就越大。

辣妈帮还有很多类似的板块，我们就以这个为主。

分为两种：

第一种是比较简单又低端的。

这样的帖子在辣妈帮效果还是有的，加过去的粉丝也比较精准，但是很容易被删除。

第二种就是做得高端一点儿的。

目前在辣妈帮出现得比较少，但是在美柚等社区比较多，多数就是走软广路线。

同样是减肥，可以从自己减肥故事讲起，配上十多张图文，说自己是怎么在一个月瘦 20 斤的。

再附上方法分享给广大辣妈。

另外做祛痘、美白、产后恢复等都可以借鉴这种方法。

二手闲置物品专区

类似的在爱购栏目都通用，直接在给做营销的地方，大家把自己的产品放上去、写点儿介绍就行了。

要在这个板块做引流的话，就先随便发布一些商品，再说自己还有些小玩意免费送别人，稍微掩饰一下你的目的。

有些贪小便宜的辣妈就会去加你。

很多 APP 现在都有这种板块，这个方法是通用的。

不知道你有没有发现，你在微博频道中看到的都是头条文

章而没有短微博。

没错，只有以头条文章的形式发布内容并在短微博框中输入你想参加的小组名称（也就是话题词，如#把生活过成一首诗#），才能被系统自动加入到小组中。

如果你的文章非常精彩，也会被系统推荐到《每日精选》或《达人推荐》中成为网红指日可待。

我们写文章的时候往往是用碎片化时间写，所以用手机写文章比较方便高效，现在将为你详细展示。

先带大家了解一下如何在移动端撰写头条文章。

这个页面大家一定很熟悉了，就是微博的发现页，点击下方红框内的"+"。

点击"+"后，会出现如下框，点击头条文章。

之后会出现编辑框，编辑框如下。

填写完之后，点击右上角完成，弹出发布框。

在这个框里，一定要填写小组的话题词（小组名字即话题词，如＃把生活过成一首诗＃、＃黑科技研究所＃），点击发送，你的文章就会在相对应的小组里看到了。

有时候系统延迟，请耐心等待一会儿。

在小组中拉到底也会看到"发布"按钮，发布方式如上。

接下来我们了解一下 PC 端如何撰写头条文章：

这就是大家首页上平时用来发微博的界面啦，是不是非常熟悉？

看到红框内的"头条文章"了么？点击它会出现如下编辑框。

按照格式要求填充内容之后，点击右上角的"下一步"出现如下发布框。

这个地方的重点还是如之前所说，一定要填写小组的话题词。

有很多细心的同学发现，微博 PC 端并没有频道入口，怎么办呢？

其实，你点击每个小组名称的话题词（如 # 黑科技研究所 # ）进去到达的话题页都有一个二维码 or 频道链接，只要用手机扫一下二维码，移动端就可以直接到达对应小组内。

如何快速入门

和我们前面说的一样，就是做销售入门。一定要对自己的产品有足够的了解，自己的专业知识这块一定要加强，零售技巧也要懂。

当然你也可以什么都不懂，只要你好学，也一样可以掌握这些技能。

我们在微营销卖产品，可能会比别的品牌相对要贵点儿，这是什么呢？我们是做人的销售，所以产品一定不能差。差的话自己人品就没有了。市场上的产品便宜的也有，一分钱一分货。

并且我们在保证品质的同时也要赚到钱。因为我们不仅是卖产品，卖自己，也是一个卖创业的平台，肯定是要赚到钱才能影响别人赚钱。

归根结底我们的产品质量是非常关键的，所以专业知识一定要牢固。

好比万丈高楼平地起，也是需要先把基础打牢固的。

如何做好基础零售

大家在看到问价的时候，通常情况下有些人马上就报价格了，还兴高采烈地想：又来生意了。

但是当你把价格发出去就没回应了。

我们不要直接给客户报价格，因为你直接报价格可能就把她吓跑了，就没下文了。

或者对方说太贵了而没成交。

因为客户不了解你产品的价值，也不知道为什么这么贵，到底贵在哪里？

俗话说，细节决定成败，你可能会遇到这些情况：

1. 你家产品怎么卖？多少钱？

客人第一句总爱问："亲，你家产品怎么卖啊？"或者"你这个产品多少钱？"

有的人不知道怎么接话。

接话方式直接决定谈话效果。

如果是陌生人，你可以先看她的朋友圈，对这个顾客有所了解。也方便聊天的时候好接话或者找可以切入的话题。

答："亲，不好意思，刚才接了个电话，刚刚才看到您的信息，请问您想改善皮肤什么问题呢？我可以根据您的需求帮您推荐最适合您的产品？"

当你这样问的时候对方是不是会觉得你很专业？她肯定会很乐意告诉你她想要改善什么皮肤问题。

我们要学会聆听客人的想法，让她先看到价值再看到价格。

2. 我只想买一款不要多的

客人说："只想买一款，觉得其他产品没用或者出于价格贵不想用其他的。"

你推荐了三个产品给客户，但是她觉得价格太贵，可能只考虑一款产品。

这个时候我们就要去引导客户。

"虽然说这个产品看上去有几款可能价格高点儿，但是您从整体、长远方面来看，三样用下来的效果绝对会比只用一款的效果更好。同时，如果您拿这个套餐，我可以给到您优惠价格。"或者："可以给到您赠品。"

让客户觉得，这个拿得多，一是效果会更好，二是价格有优势。

这就让她感觉我们是站在客户的角度去考虑的，而不是一定要去赚她多少钱。

3. 你家价格好贵或者别人才卖多少钱?

这种情况下，我们一定不要急于降价。

你可以跟客户说："你看我们也这么聊得来，要不您可以加一个什么产品。价格方面，我也可以给您去争取个优惠，或者说给您赠送一款什么产品或者赠品。"

然后和客户说："我们这个品牌现在也是特别火，无论你在哪里查价格都是一样的，但是我这边可以给您保证的是百分之百的正品。"

同时去引导客户搭配连带销售，而不是纠结价格。

4. 多久有效果

我用这个产品多久有效果？

有的客人会问产品效果，虽然我们自己做久了会知道大概要多久，但也不要跟客户说得太确切，不要直接说。

因为如果你给了客户一个期限，她的期望值就会很高。一旦产品效果没有达到她的期望值，她就会觉得你这个产品不好。

比如你卖的是护肤品，你可以这么回答："护肤品是保养型的产品，功效以保养为主。不是用了后皮肤问题就根治了，以后就不需要用了，而是越用皮肤越好，所以需要坚持使用。并且同样的产品，不同的人使用的效果肯定也是不一样的，所以我没办法给到您具体的时间。但是我知道其他客人使用的效果都很好，只要您按我的方法坚持使用的话，效果会很明显的。"

如果客户追问的话，你就说："有的2～3个月有效果，有的半年有效果，产品效果因人而异，总的来说很多客户用了反馈都很好，并且回购了。您只需要按我的方法坚持使用，一定会很快见效果的。"

如何情感营销

同样是卖东西，可能有的人成交多，有的人成交少。那是因为每个人的圈子都不一样，所以效果也不一样。

现在已经不是你刷刷屏就能够把产品卖得很好的时代了。

朋友圈的营销很重要，我们要唤起消费者的需求。

在这个内容为王的年代，我们应该怎样经营自己的朋友圈呢？

我们每天都在微信朋友圈里发布消息，但是为何效果却总是差强人意？

很多微商在朋友圈发的内容不是满屏的广告，就是在秀收入、晒出单，或者打鸡血，增加别人的紧迫感。

如果换成以前，这些方法也许能吸引一部分人。但现在微商已经遍地都是了。

打开朋友圈，你会发现曾经很多朋友现在都在刷屏做微商。天天刷同样的内容，你要怎么才能从中脱颖而出呢？

朋友圈情感营销的重点是打造差异化内容，促进跟朋友的情感交流，才能为推销产品打下良好的基础。

所以我们要紧抓核心。

微信本身就是一个圈子，"朋友圈"这个词告诉我们，这个圈子里基本都是朋友。既然是朋友，我们就要展示出我们的生活、身份是足够真实的。让别人欣赏你，愿意接近你，觉得你是个有品位、对生活充满情感的人，而不是一个刷屏的机器。

什么是朋友圈情感营销？

情感营销是从消费者的情感需要出发的，唤起消费者的情感需求，诱导消费者心灵上的共鸣，寓情感于营销中，让有情的营销赢得无情的竞争。

微信更易情感营销，微商的本质就是以人为本。

如今的微信消费者购物其实更倾向于情感上的满足和心理上的认可，所以做微商首先要把人营销起来，才能更好地营销产品。

为什么有些人朋友圈有成百上千的用户群体，但转换率却总是不尽人意？因为别人都不曾了解过你这个人，没有对你产生信任，看不到真实感，又怎么会接受你的产品呢？

1. 融入生活元素

我们做微营销都是以做人为主的营销。所以你需要围绕有关自己的元素发圈。

比如发自己与产品一起的照片。随便一晒都会比你单纯去发一个产品的广告效果更好。

发广告不要太生硬，要夹杂个人信息。比如带着孩子去送货，融入生活场景。

或者时不时发布自己的个人照片，出去游玩的照片，和大家的合影。照片最好能拍得高大上一些，有品位一些，阳光正能量一些。

总之，要让人觉得你是个活生生的人，并且是有正能量的人。你的生活也是大部分人所向往的生活，才会愿意相信你，加入你。

2. 结合热门话题与互动性

有些热门的话题，比如微博，经常会有某某明星恋情曝光啦。

你就可以发圈：今天你的谁谁没有了，但你还有我，加上自己的产品名。

比如某某明星上了热搜，你可以发圈：今天谁的粉丝来买产品可以打折。

类似这样，结合热门话题，和大家一起互动，就会显得很新鲜。可以进行一些互动性的活动，让大家参与进来，就可以激活你的朋友圈。

这样做的参与门槛尽量低一点儿，好让每个人都有机会参加。当然你做的活动也一定要真实，不然别人参加一次之后就不想参加了，信任非常重要。

或者活动结束后，可以发起评选活动。让大家再一次参与进去，强调参与感。当奖品送到得奖者手中后，让他在朋友圈发个感言，随后截图附上自己的话发到朋友圈，这又是一个很好的素材。

3. 先建立信任

先建立信任，比如你跟别人主动聊天的时候，先不要主动推荐产品。因为你和客户在建立信任感之前，他是不会立马产生购买的。

你可以先聊一些开放式的问题。比如你用什么产品？或者你平时喜欢到哪里买护肤品？

还可以问一些封闭式的问题。比如今天吃饭了吗？

撬开客户的嘴，从他的言语里找出你想要的信息，才能知道这个客户是不是自己的潜在客户类型。或者适合推荐她什么价位的产品。

如果这个客户确实有意向来主动咨询你，那么我们可以给她一些专业性的解答。

和别人聊天的时候，不要一个劲儿地推销产品。换个角度想，如果是我们自己，没聊几句人家就扯到产品上去了，你会继续往下聊吗？

聊天一定要换位思考，要有共同话题，选择能产生共鸣的话题，抓住关键点，才能产生彼此的信任感。

4. 提供价值

比如你是做护肤品的，一定要了解更多的护肤知识，打造护肤达人的形象。常在朋友圈发一些护肤知识，专业地帮助客户解答他的疑问。

这些专业知识，平时在团队里面可能都会有给予。

或者你直接上网搜，基本上很多专业知识都是可以搜到的。比如护肤、养生、减肥，平时可以去搜集一些。

要让别人感觉你就是非常专业的。同时尽量要转化为自己的语言，不要感觉像生搬硬套一样。也不要别人一问到你，就惊慌失措。

情感消费，就是一种感情上的满足、心理上的认可。当你帮助到客户之后，她或多或少都会开始慢慢认可你、信任你，有了信任就有可能有更大的合作产生。

你提供的价值一旦引起了她的兴趣，她就会偶尔看一下、学一下，这样就产生了一个共鸣点。

5. 贴心售后服务

比如你的老客户又来回购了，你要核对一下地址。还是老地址吗？地址有变动吗？

在这个之前你要把地址备注在他的个人信息里面，这样就可以方便自己第一时间去查看。客户看到自己的地址你还记得，就会觉得你很细心。

发了货后记得第一时间把单号告诉客户，减少客户的顾虑，不然他们会担心你没有发货。特别是在虚拟的网络上面购物，最担心的就是付款了你不给发货。所以要站在客户的角度，为客户解决这个顾虑，让客户自己可以随时去跟进和查询物流信息。

客户收到货之后，要告诉客户基本的使用方法，注意事项也要告诉客户，解决客户的困惑。而不是觉得客户付了钱就不管了，这样肯定是不好的。

营销的核心就是要对人报以无微不至的关怀。当你提供了他预料之外的贴心服务，才能赢得客户的情感。因为客户用得好了，说不定就可以带来下次营销，而不是一锤子买卖。

　　提供一些可以区别于他人的差异性服务，并配以感情，真诚对待他人。在朋友圈中打造好的口碑，赢得信任，生意也就慢慢做开了。

如何谈意向代理

1. 了解品牌

不管是招代理还是卖产品，都离不开销售。

卖产品，我们就销售产品和服务。

谈代理，我们就卖创业的平台。了解你这个产品和品牌相关的专业知识是做销售必备的。

人家咨询你做代理，只要是负责任的，绝大部分人都会了解一下这个品牌，所以你对你的产品一定要够了解。

我们还要对自己的品牌历史、品牌文化、创始人故事、品牌宣传力度以及他旗下系列产品专业知识有了解。

2. 引导交流

有客户来咨询代理的时候，我们会感觉很高兴。

客户问一句话，我们就回四五句。一个人说那么多的话会让客户跟不上节奏。最好是，客户说一句我们控制在三句话以内，然后要去引导客户慢慢做一个交流。

否则别人会觉得你太热情，吓到他。或者他会觉得你是不是产品卖不出去，这么急着想卖出去。

所以我们一定要慢慢来，循序渐进。

你可以问客户这样的问题，比如："您之前有使用过我们的产品吗？你之前有代理什么品牌吗？"等等，大概了解一下。

3. 体现自己的专业

有人咨询代理时一定要够专业，让人家感觉你是有能力的。不然人家为什么要跟着你做？

我经常跟我的代理说遇到不会的问题马上来问我，有我在背后撑着。

人都喜欢跟专业的人打交道，因为够专业，值得信赖。为什么很多人看医生喜欢找专家？就是因为专家临床经验丰富，治好了很多病人，有很多成功案例，很多人就相信他能把自己的病治好。因此，大家都喜欢找专业的医生看病，放心、安心。

微商用户买产品也是一样，当你在他面前显得十分专业、经验丰富的时候，他就相信你了！

如果你自己也是新手，人家就不确定跟着你可以学到东西。

所以要体现自己的专业，同时还要负责任。

同样都是卖产品，别人为什么要跟你做？是因为你的个人魅力，你的个人魅力就是负责任。因此要体现自己的优势，吸引别人跟你做。

4. 体现产品优势

产品的优势就是你产品的卖点。

比如我们可以说：我们的产品都是纯植物健康的。

现在是大健康趋势，哪怕产品贵点儿，只要说是健康的，别人也会接受，更何况我们的产品价格适中。

并且产品有在药监局备案，有各方面的检验报告，我们是靠效果口碑打天下的，而不是说只做一个爆款。我们要做长久品牌。

价格适中，产品健康安全，有口碑，这就是产品的优势。

知己知彼，才能百战不殆。

销售过程中可能有些客户在问你产品的时候，她已经在用别的产品。同时她可能会说她也在考虑你家跟另外一家的产品。

那么你就要先知道另外一款的产品优势。比如自己的产品是主打什么，他们有没有这个优点，以此来体现自己的优势。

5. 给定心丸

信任感建立：

很多人刚开始会有一些顾虑。比如不想拿货，先发圈看一下有没有人买。或者这个钱投了怕自己赚不回来，货卖不出去怎么办？

这个时候我们一定要给客户信心，告诉她你会教她，体现团队优势。

告诉她可以学习，我们每个人都不是天生会说话、天生会走路、天生会卖东西，但是只要你好学上进，只要想去改变，那么你也一样可以做得很好。

同时，我们还有销售经验可以分享给她。

给她举例子，比如："我们都是这样过来的，我们团队也有你这样的案例，她现在做得非常好，赚到了钱，日子也过得舒心了。"

要给她信心，心态很重要，一定要相信自己。

"微商"并不难：

现在做微商已经是大趋势，但每年都有人说怕不好做。

其实目前看来，机遇还是很多的。但做什么行业都难，做什么行业都有人赚不了钱。如果我们想做的话，就随时做，不要觉得不好做，市场是永远做不完的。

有的人创业看风口，不是不对。但如果你够勤奋、够聪明，你就是自己的风口。想干什么就直接去做。

微商其实做的是自己的朋友圈，那么你就做自己的圈子。给自己一个机会，只要开始卖了，你身边多少都会有人支持你的。

只要产品好，效果好，自然会产生回购。或者客户用得好，觉得你卖得好也可以成为你的代理，帮你宣传。

其实代理加入只是需要你的鼓励，那你就给她鼓励好了。

我经常说的话：我很多代理月收入万元，把工作都辞掉了跟着我做。现在正是微商赚钱的时候，无论你做什么事，想成功都需要迈出第一步。现在还有什么比微商赚钱快得呢？不如给自己一个机会试一试。

而且你刚开始卖产品的时候，身边的朋友都会捧场的，所以你拿货回去肯定会有人买。或者你可以先送试用装，产品效果很好，只要你朋友用了一定会购买。到时候你可以发展她们成为你的代理，如果她们没兴趣你可以让她们帮你宣传一下，其实也没有那么难。

6. 帮助出第一批货

新代理开始做的时候，首先是要打开市场。

我们要帮她多指导，让她尽快出第一批货。这个很重要，如果她能够顺利卖出，那她后面的发展就非常快。

卖出去之后，她就尝到了赚钱的滋味。先别着急要她升级，不然感觉像要赚她的钱。而是要告诉她去维护客户，客户不维护，很难引发回购，她的自信心就下降。

同时，卖了产品之后一定要自己掌握专业知识，专业知识是信任必须要学会的。

一般去实体点做事，是没有人教你专业知识的，要自己学。如果你来做代理，我们会尽心尽力地帮你。

给她指导，真心地帮助她，带她真心地做事。

常见问题：

你们家产品怎么代理？

一般问你们这产品怎么代理，你就直接回复："最低门槛XX元，XX产品。"

如果她直接想拿大代理，你可以这样子回答："你前期是想投入多少资金呢？你是想兼职还是全职做呢？"以此推测客户的选择。最好推荐她搭配的效果会更好，成套卖的销售额也会高。

我们不是劝客户去压货，而是告诉她拿多货的好处。

我货卖不出去怎么办？你给我退吗？

关于退货政策，有些品牌没有退货政策，就算有退货政策，也是有要求的。

退货和不退货，关键还是自己的心态问题。

一定要给对方正能量和信心："亲爱的，货还没开始卖呢，就想着卖不出去，这样是不好的。你一定要给自己信心，毕竟我们有这么多人一起卖。你要相信我们行，你也一定可以的，要对自己有信心。更何况还有我帮你呢，你就放心吧！"

我不拿货先宣传可以吗？

想空手套白狼？如果自己都没有产品，要别人怎么放心跟你买呢？产品效果是需要你自己使用并且分享的，你自己在用，别人是对你信任，才会信任你的产品。

产品拿回来后用一用，宣传是自己本人使用的。或者你拿着产品的照片，这样真正的信任感才会得到增强。

只有达到了一定的信任度，并且还证明你自己确实有货，客户只要有需求肯定会第一时间找你买的。

不是非要你拿货卖，而是成交的原理是这样。如果你和客户没有达成信任，真的会影响生意。我们也是为客户着想，所以你一定要先拿货再宣传。

7. 转介绍

做微商要怎么转介绍呢？

我们不是有很多试用装吗？我们转介绍要怎么去做呢？

你要在客户把钱转给你以后再说。

如果她没转钱给你就说明她还在观望。

你可以和她说："美女你想不想要试用装？你可以拿两只到三只。你可以把这段文案发到朋友圈，我就送两只试用装给你。"她的很多朋友就看到了，如果你们共同的好友跟你不熟悉却跟她很熟悉，那她的朋友就会觉得：哎，我朋友在用啊！就会更加相信我们的产品。

我们给她试用装的时候，要把自己的二维码一起发给她！

你说的别人不一定相信，但是别人发的她肯定信。

转介绍非常重要，当她发圈的时候，其实很多人不会立马找你买，立马加你微信。但是你宣传了你自己，宣传了产品。反正又不亏什么。说不定你就赚到了，对不对？

千万不要跟顾客说你用得好的话帮我跟朋友宣传，这样就很假。其实她们用完产品后是很懒得去说的，所以你让她发朋友圈就可以了。

她的朋友们就觉得你都发朋友圈了那应该还不错吧，我也试试。

只要大家把这个几大技巧记下来然后学会，你以后的人缘也会好起来，都会跟顾客成为朋友。

我以前就有一个顾客很难伺候。她特别挑，比较有钱，我就慢慢地跟她成了朋友。只要你们成了朋友，销售就更简单了。

你可以直接问她拿多少套，她非常相信你，说："没事，你说帮我拿多少套就拿多少套！"

一定要跟顾客搞好关系，你始终要明白，一个老顾客消费百分之百会比新顾客销售高很多。只要你把老顾客服务好了，回购轻而易举。新顾客你让她拿产品，不管多少套她都会说考虑。

并且我们要做体验式营销，舍不得孩子套不着狼，有舍才有得。

好的产品，只要体验到了，就一定会有成交。但是赠送的时候要注意方法，否则送了也不会珍惜。

除了相信产品，也要相信自己，相信的力量是非常重要的，如果自己都不相信自己，不能提供高价值的服务，客户也是可以感受得到的。

8. 真正的销售需要上战场

真正的销售，不是一天两天练成的，而是需要不断地、反复地练习。如果学而不用，就好比游泳不下水，永远也学不会。

练习就是要克服自己的恐惧心理，不要怕面对客户。

我们在游泳池，教练教你动作，你总不下水，那么你学的再多，不去实践，也是成长不起来的。

因此，我们不要怕失败，不要怕拒绝，自己主动出击，勇敢面对陌生客户。

Five

关于文案方面的塑造与撰写

文案的塑造对于我们去宣传品牌、个人 IP 或者打造卖点的时候都是非常重要的。

杜蕾斯的文案就非常有吸引点。

通过文案，让别人可以在几秒钟之内快速地抓住品牌的印象。

举例：怕上火 喝王老吉

痛点＋行动＋品牌

加入 XXX，轻松在家创业

行动＋品牌＋爽点

品牌＋特征

举例：农夫山泉 有点儿甜

品牌＋诱导

今年过年不收礼 收礼只收脑白金

都是体现品牌的文案

群发文案的原则：提供输出价值。

一般做得很好的微商，是很少去群发的。

一般做得不好的，或者做得一般的微商，就会经常采用群发的形式。

但群发文案非常关键，用得好对人是帮助，用得不妥就会被拉黑或者屏蔽。

其实群发是很让人反感的，还有的人会对群发信息的微信设置免打扰。

如果我们要群发，肯定要提供价值。

比如之前有个活动，我有一个客户说："你这活动为什么没有通知我？"我们有些客户，可能不会去看朋友圈，或者没有时间玩微信，那么你确实可以去给他一个提醒，告诉他活动折扣。

这样的群发就是一种善意的提醒，起到真正帮助别人的作用。

我们一般群发，如果确实有好的活动或者免费的活动，让客户都能够参与的，或者参与门槛很低的活动，就可以给客户通知。如果客户确实有这个需求的时候，他就不会那么排斥。

我们还可以提供价值。

比如你加的是大学生，那么他们可能需要找工作面试的经验，或许可以真正帮助他们。

宝妈可能需要宝宝的成长经验。

我们对这些人群，要做分类筛选。比如哪些是同行，哪些是客户，哪些是朋友、同学。然后再群发到不同的人群中。不要所有人都发，一定要筛选出人群再发。

群发祝福信息，我觉得很没有必要。因为这样的信息太多了，太多就会造成泛滥，客户就会反感。

如果是一对一的，可能会更好一点儿。或者重要的日子才发一下。

话术举例：

亲爱的我这里有两个秘籍，都是我的经验整理。

（1）大学期间怎么轻松过六级？

（2）快速销售出货的秘籍。

你看你需要哪个，我现在就发你。

要第一个的都是普通学生非微商，要第二个的是同行。

通过这种形式不仅输出价值，并且迅速做了人群筛选。

我们可以通过这样的方式去判断这类人群的需求点是什么，然后提供对的价值。

当然，你的文档里面也可以植入自己的微信号做宣传。

微营销销售能成功的几个要素

1. 忘记害怕，坦然接受失败

调查显示，阻止你成为你想成为的人的原因不是金钱，不是时间，不是机遇，而是你自己的害怕心理。

我们都担心客户一问话就紧张，不知道怎么接话。或者我给客户推荐产品，客户拒绝了，心里承受不了。又或者觉得太丢面子了，几天茶饭不思。

其实当你真正销售了，事情就会变得简单了。不管是线上互联网销售还是线下实体店销售，都需要我们不断地总结经验，从失败中勇敢地走出来。

如果一味地让自己沉沦，无法自拔，伤的只是自己。拒绝了又会怎么样呢？谁不是从拒绝中成长？谁没有被拒绝过？越是拒绝，看不起，不接受，我们才更要让自己变得强大。

2. 感恩给你找麻烦的人

不要觉得别人找你买了东西，就是来找麻烦，故意刁蛮你。

不管是新客户还是新代理，没有谁一来就认可产品的。他们的问题可以搜集下来，不仅可以帮助自己稳固专业，还可以温故而知新。

有些问题可能没有在自己或者自己身边人的身上发生过。没有见过不代表没有，不代表不会发生。我们可以提前学习这方面的知识经验，不要等真正的案例出现到自己身上的时候，又答不上话来。

真正来找自己麻烦的，他们一定是碰到了什么问题。不然有的人宁可不用了，丢掉，也懒得去找销售员。

客户既然来了，我们就要重视他的问题。因为一个客户的问题解决了，他可能就会成为你的终生客户，也有可能成为你的合作伙伴。

小刘买了一台电脑，才用几天就无法开机了，只好又找到当地供销商。一般客户难免都会抱怨、发几句牢骚，才买几天怎么就坏了。

销售员耐心听着，表示理解。如果换做自己新买的确实也会不开心，叫客户不要担心。然后立马带他到售后点检查核实，原来是电脑中毒了。

电脑中毒是因为电脑软件的问题，而非电脑本身的硬件问题，属于客户自己使用不当。后面销售员帮客户解决了问题，客户感到心里惭愧，只好以后自己多注意。

销售员帮小刘解决了问题后，后面再有什么问题也请教销售员。之后有朋友想买电脑就介绍这位销售员。

所以客户找麻烦不可怕，我们解决他们的困扰，尊重对方，把客户当朋友一样看待就可以了。

售后解决好了，往往就是之后再次销售的纽带。

3. 接纳在你创业中看低你的人

没有他们的看低或许就没有今天的你。

春节回来后，我觉得我需要融于集体了。之前一年多由于怀孕、坐月子，我都没有去干部饭堂吃饭，而是回宿舍自己煮。当时我在做一款防脱发产品。现在开始，我觉得我是时候走出去了。

我开始回干部饭堂吃饭。

第一天，餐桌上一同事问我："你的洗发水防脱发不？"

当我正想回答的时候，另外一个同事马上就说："没有用的，要是有用，她跟她老公还在这里打工吗？早就周游列国了。"

当时我觉得这人怎么这样，但我知道这个时候我没有权利反驳，我不吭声了。

旁边的同事听到后说："对于我们这些真有问题的人来说，哪怕只有千分之一的机会也要试，所以不要说得那么绝对。"

听到后，我只投以感谢的眼神。

第二天，又有一个同事问："听说老陆用了你的洗发水长出头发了，他用多久了？"

第三天，我正想回答的时候，昨天否定的同事又来了："真的这么有效，你有多少货，我就要多少。我在篮球场从早洗到晚。我试过那么多方法，唯有食疗最有用，别相信她，不是她有问题，而是世界上真的没有这么神奇的东西。"

第四天，听完他的高论后，问的同事就马上说："你别傻，她身后有一个工厂，货源绝对充分，你别说那么夸张，她有多少，你要多少。"

第五天，我选择性地不反驳他，而是回答同事的提问："老陆是从2016/1/16开始使用的，到现在刚好一个月。的确很多同事告诉我他长出头发来了，我也准备过去看看。"

第六天，前面问的2个同事都说买1瓶，让我下午送到他办公室。这时讨厌的同事又来了："都告诉你们没有用了，食疗吧。我试过那个什么什么很有效，我都长一点儿了。"

第七天，听到这，如果是你，你会不会很生气，很想狠狠地抽那人两巴掌？

第八天，但我选择无言，我告诉自己，总有一天，我会通过我的努力卖产品，真正实现一家周游列国。我要用现实让你闭嘴。

第九天，等我真的强大了，不用你跟我买产品在篮球场一整天洗，我会搬一箱免费给你在篮球场洗，你就乖乖地给我洗。

第十天，我有选择听的权利，所以我特意晚了 15 分钟才去饭堂。这样我既可以听到其他人的意见，又可以避开他。

以上为销售员小王的案例。

现在过了 5 个月了，回想过来也真要感谢他。我的动力来源就是不被人小看，做出成绩。

4. 让微商融于你的生活

不要一味地觉得微商与生活相冲突，其实微商源于生活，高于生活。

一味地发硬广告只会让人觉得你没有新意，只会复制、粘贴。

其实生活中你有很多机会让你的产品无形中融入你的生活中宣传。

例如：你有小朋友，可以自己用心地拍一下小朋友的使用过程。也可以拍自己的使用过程。这样让人觉得更真实，觉得你真心诚意经营，你真的在使用。

又例如：你出门在外游玩，遇到美景，拍自己的同时给你的产品也来一套美拍，这样宣传的图片远比单独的产品照片受欢迎。

我上月来了一组野外产品美拍，一发图片，朋友圈中的人都问景点在哪里，也给我留言说产品已经完全融于我的生活，给我鼓励与支持。

这样的朋友圈的效果真心比单独发产品的亲民，重点是独一无二，只有此家。

5. 善于利用机会，多想想应对方法

朋友聚会时，你可以多带几套试用装在身上，带几套产品在车上。

但交谈中不可以一来就谈产品。你可以先和他聊生活，聊近况。当聊到朋友圈或者是你的动态的时候，你就可以主动介绍你的产品了。

如果没有谈到的时候切记不要谈及，因为这样会令人反感。

例如你想推给上司使用，也要选择时机。

我送给我的直属上司使用的时候是春节回来后他包了红包给我，而且还很厚。我感谢的同时就拿了一瓶洗发水给他，我的办公室随时都会放几套。

人在产品在，机会随时把握。他用了后很认同我的产品，将他老婆的微信号给了我。

那时我在想，他也认同我的产品了，这样我可以送我老板了。但机会很重要，我不能贸然去送。

4 月老板从法兰克福回来后，送了一套洋装给我女儿，而且还送到我的办公室。我收到后马上拿了一瓶洗发水给他，多难得的机会啊！

结果我老板又回送了一袋台湾种植的姜给我，说姜是宝。

我老板用了 2 个月后，主动找我又买了 2 瓶洗发水，而且还放在办公室。

以上为销售员小刘的案例。

想想一天有多少人去他办公室，有些同事就直接问我老板办公室洗发水是不是我送的。我就老实跟同事说，4 月的时候我送过一瓶，现在办公室放的是他用过后找我买的。

就这样我又销了几套。公司的促销活动同样的道理，多想想怎样可以让活动更有利于自己。

6. 善于利用自己的长处来打造朋友圈，切忌盲目复制

每个人都有自己的优点，我们要学会将自己的优点放大化，提高朋友圈人气。

我发朋友圈的原则是产品一天不超过 3 条，要让我朋友圈中的人适应我的存在，关注我而不屏蔽我。

我喜欢玩烘焙，我会分享美食，分享做法，分享经济绝对是受欢迎的。

所以不要吝啬地收藏自己的优点，大胆地利用，打造不一样的朋友圈。

要有自己的特色，不要一味地复制，因为这里面没有你的想法，没有你的特色。

原创为什么能生存，就是因为它特别，有想法。

7. 善于利用群聊

大家微信或者 QQ 上会有很多群。

就我自己而言，家族群、美食群、烘焙群，很多群。

我做微商后，在这些群名片上统一改了名字，都冠上健康洗发总代。但我没有在这些群上销售过产品。

我的做法是，我在群里互动，烘焙群里他们发的东西我会发表意见，我也试过在美食群里免费赠送洛神花种子。

我将我的人气提高了，不需要我宣传，他们都知道我是做什么的。

因为他们在 @ 我的时候，他们肯定会 @ 健康洗护，这样我就已经深入人心了，当他们感兴趣，找我咨询的时候，成交率更高。

所以大家想要推销产品，不要心急。需要磨，磨出你的人心后再谈销售。

8. 善用自己熟悉的环境

线下活动开展可以从自己熟悉的地方开始。因为那里是你认识的人，对你有一定的了解，成交率会高一点儿。

例如：自己的小区，自己村的公园，这些地方都可以利用。

等到胆子练大了，再去人流密集的地方来做线下活动，这样有利于你克服害怕、不好意思的心理。

9. 善于对自己朋友圈的人进行分析

朋友圈中人的性格你自己会有大概的了解。交谈过程中需要自己花心思根据不同的人调整自己的说话方式。

如果是陌生人，你可以了解她的朋友圈，在交谈前先花时间去看看她的朋友圈。

你对她有初步的了解，总比你一成不变的方式更容易成交。

参考文献:

孙健《销售人员话术模板与应对技巧》, 电子工业出版社

特别鸣谢：

姓名：肖森舟
行业 / 职位 / 头衔：马云三次接
见的微商落地内训第一人
微信号：83097

姓名：江虹
行业 / 职位 / 头衔：建材行业
微信号：Jh262055140

姓名：小乔
行业 / 职位 / 头衔：专为大咖做
百度百科
微信号：17625008768

姓名：肖玉卿
行业 / 职位 / 头衔：交通，项目
管理工程师
微信号：mx-zzx

姓名：兰桂芳
行业 / 职位 / 头衔：超市收银员
微信号：w90563139

姓名：李春芬
行业 / 职位 / 头衔：蜗蜗总代
微信号：adg15976727589

姓名：舒小霞
行业 / 职位 / 头衔：蜗蜗总代
微信号：sunnyshu147

姓名：李忠萍
行业 / 职位 / 头衔：蜗蜗微商代理
微信号：weixin502527149

姓名：赵开芬
微信号：1655434023

姓名：尹灵艳
行业 / 职位 / 头衔：黛普蜗蜗总代
微信号：15816818466

姓名：焦玉双
行业 / 职位 / 头衔：天然生活用
品微商城—爱丽思娇品牌创始人

微信：alicejiao32

姓名：朱爱花
行业 / 职位 / 头衔：幼师
微信号：18973297573

姓名：陆俊燕
行业 / 职位 / 头衔：批发零售业 /
文员
微信号：LM18012783919

姓名：李谷辉
行业 / 职位 / 头衔：微商
微信号：568663772

姓名：伍翠莲
行业 / 职位 / 头衔：营销、微商、
总监
微信号：lian1326527578

姓名：谭丽
行业 / 职位 / 头衔：微商
微信号：BAOBEIXIAOXIAO52099

姓名：宋大兰
微信号：dalan735

姓名：蒋冉
行业 / 职位 / 头衔：微商蜗蜗总
代、mix.coffeehouse 店长

微信号：yxwx19900

姓名：李海燕
行业 / 职位 / 头衔：微商
微信：18359339986

姓名：容淑英
行业 / 职位 / 头衔：会计
微信号：13631806971

姓名：袁玉玲
行业 / 职位 / 头衔：蜗蜗总代理
微信号：yyl15800183295

姓名：万彩凤
行业 / 职位 / 头衔：销售经理，
依科纺织
微信号：w13928139088

姓名：李亚
行业 / 职位 / 头衔：蜗蜗全国总代
微信号：18607322080

姓名：欧阳鑫
行业 / 职位 / 头衔：蜗蜗总监
微信号：ouyangxin1022

姓名：宋涛
行业 / 职位 / 头衔 项目工程师
微信号：S390250302

图书在版编目（CIP）数据

恋爱销售学 / 李跃著 . – 北京：

台海出版社，2018.7

ISBN 978-7-5168-1953-1

Ⅰ . ①恋　　Ⅱ . ①李　　Ⅲ . ①销售学 – 通俗读物

Ⅳ . ① F713.3

中国版本图书馆 CIP 数据核字（2018）第 113624 号

恋爱销售学

著　　者：李跃		
责任编辑：俞滟荣	封面设计：左左工作室	
内文制作：左左工作室	责任印制：蔡旭	

出版发行：台海出版社

地　　址：北京市东城区景山东街 20 号　　邮政编码：100009

电　　话：010 – 64041652（发行，邮购）

传　　真：010 – 84045799（总编室）

网　　址：www.taimeng.org.cn/thcbs/default.htm

E - m a i l：thcbs@126.com

经　销：全国各地新华书店

印　刷：天津盛辉印刷有限公司

本书如有破损、缺页、装订错误，请与本社联系调换

开　　本：880×1230	1/32	
字　　数：192 千字	印　张：7.75	
版　　次：2018 年 7 月第 1 版	印　次：2018 年 7 月第 1 次印刷	
书　　号：ISBN 978-7-5168-1953-1		
定　　价：69.00 元